OS CONQUISTADORES

Livros do Autor na Coleção **L&PM** Pocket

Os conquistadores
Viagem ao centro da Terra
A volta ao mundo em oitenta dias

JÚLIO VERNE

OS CONQUISTADORES

APRESENTAÇÃO DE ALAIN ABSIRE

TRADUÇÃO DE ANTÔNIO CARLOS VIANA

www.lpm.com.br

L&PM POCKET

Coleção **L&PM** Pocket, vol. 121

Primeira edição na Coleção **L&PM** POCKET: julho de 1998

Tradução: Antonio Carlos Viana
Capa: Ivan Pinheiro Machado sobre foto de armadura militar do século XVI
Revisão: Delza Menin e Renato Deitos

ISBN 85.254.0898-0

V531c Verne, Júlio, 1828-1905
Os conquistadores / Júlio Verne; tradução de Antonio Carlos Viana. -- Porto Alegre: L&PM, 2006.
128 p. ; 18 cm. – (Coleção L&PM Pocket)

1.América-central-Conquista-História. I.Título. II.Série.

CDU 972.8

Catalogação elaborada por Izabel A. Merlo, CRB 10/329

PORTO ALEGRE: Rua Comendador Coruja 314, loja 9 - 90220-180
Floresta - RS / Fone: 51.3225.5777
PEDIDOS & DEPTO. COMERCIAL: vendas@lpm.com.br
FALE CONOSCO: info@lpm.com.br
www.lpm.com.br

IMPRESSO NO BRASIL
Inverno de 2006

Prefácio

O que há de mais natural, quando se passou cinco semanas num balão, quando se viajou para o centro da Terra e se mergulhou a vinte mil léguas submarinas, quando se fez a volta ao mundo em oitenta dias e se foi catapultado da Terra à Lua, do que navegar ao lado dos conquistadores? A aventura é apaixonante demais, louca demais para que um Júlio Verne ficasse impassível.

A época de Verne está para a técnica assim como o fim do século XV está para a geografia: um período de brusco progresso. É como se, diante de Cristóvão Colombo e seus semelhantes, na escala das novas cartas, o mundo se abrisse de repente. Embriagados pelo mito dos atlântidas, tanto quanto pelo mistério de um mundo revelado, sobre o qual se pode plantar a cruz de Cristo, os espíritos ardem ao confundir lenda e realidade. Mas o que deve haver para além do "Oceanus Occidentalis", no escuro coração do desconhecido? Basta o imaginário para preencher esse mar de trevas? As consciências se aquecem e se embriagam, parte-se para fazer aliança com o Grande Khan sem ter a menor idéia do que se vai encontrar, sem se imaginar um só instante que, do outro lado dos mares, os selvagens estariam vestido de penas, que eles fossem "canibais e devoradores de corações e vísceras...".

Quando os Cortez, os Pizarro empreendem sua incrível travessia, Júlio Verne os compara a Ulisses. Faz parte de sua natureza, de sua razão de ser e de escrever, contar, em cem episódios cativantes, os detalhes dessa *Odisséia*. No entanto, desta vez, desde as primeiras linhas, o homem de ficção, o apaixonado por hipóteses e antecipações se choca contra uma verdade que não pode contornar, e ele sabe que aquela *Viagem extraordinária*, aquele périplo perigoso que desafia sua imaginação, leva apenas à decepção, à morte.

No começo, se há a nostalgia de um paraíso, há também a necessidade de especiarias que o Ocidente consome desenfreadamente, e há, sobretudo, a sede de ouro. Certamente, a evolução da geografia permitiu uma certa conquista intelectual do mundo antes mesmo de criar as rotas, mas só "ganham o mar" os curiosos, os sonhadores. Excepcionalmente, os heróis de Júlio Verne não são nem puros nem desintessados, são aventureiros sem escrúpulos, quando não uns enfuriados, uns loucos.

O que dizer de Ponce de Leon que, ao procurar a fonte da Juventude, descobre a Flórida, ou de

Vasco Nuñez de Balboa que só se lançou ao mar para fugir de seus credores e que, muito além dos desertos sem nome, acredita, como Marco Polo, que irá encontrar cidades de muralhas de prata, com cúpulas de pedras preciosas e diamantes? Júlio Verne diverte-se com esses loucos. Mas esses não são os mais perigosos. Os aventureiros são de uma outra estirpe, embriagados pela cobiça aliada àquele excesso de energia que as luzes do Renascimento deflagram. E, por trás deles, os monarcas da Europa só pensam em criar outros impérios para tirar proveito.

Ávidos de ouro, ei-los pois a caminho para encher os cofres desse metal precioso. Tudo porque falta ouro, porque o menor acidente, um contrato não cumprido, uma crise de confiança nos sistemas monetários de troca fundados na palavra ameaçam as estruturas de todo o edifício ocidental. Sem compromissos com o absoluto, a única conquista é a do ouro e do poder que ele confere. Os conquistadores têm uma mentalidade de saqueadores. Quando Júlio Verne conta a história desses homens, faz de conta que acredita no progresso, mas sem se arriscar a pôr Pizarro e Phileas Fogg no mesmo saco.

E com toda razão: aquela aventura, real, já está escrita, e, diferentemente da criação de um Nemo, não deixa espaço para a imaginação do escritor. Verne trabalha sobre fatos brutos e seu tom é antes o de um cronista que de um romancista. O detalhe é importante, mas, de repente, a precisão traz consigo a frieza. Verne se contém. O dilema é flagrante: como transformar aqueles carrascos em heróis? Se pelo menos eles tivessem a dúvida, aquela pureza de coração que arranca lágrimas de Miguel Strogoff quando, por trás da lâmina incandescente do carrasco, antes de seus olhos se fecharem de vez, ele contempla pela última vez a própria mãe... Pior que tudo: nem Cortez, nem Pizarro têm o gênio dos heróis vernianos. Eles só têm audácia, cinismo e... muita sorte. Felizmente, apesar de seus feitos nos serem contados de "segunda mão" por um romancista, não por um historiador, Verne o faz com uma hesitação tal, com um tal distanciamento, que nos deixa livres para qualquer juízo.

Júlio Verne fantasiou muito sobre as grandes viagens, mas elas ultrapassam toda a sua imaginação.

Foi em caravelas precárias que partiram aqueles navegadores intrépidos, foi com dez canhões e dezesseis cavalos que Cortez enfrentou e venceu o imperador Montezuma e foi com uma centena de soldados que Valdívia conquistou o Chile. Júlio Verne nos conta as batalhas, as traições, os assassinatos, e, continuamente, ele balança entre a admiração àqueles *desperados* e o desprezo inspirado por aqueles carniceiros. Ao fim da conquista de Cortez, depois de ter descrito os rios de sangue da "nocce triste", ele se recusa a abandonar "esse herói que teve um papel importante no desenvolvimento da civilização e na história do Novo Mundo", mas não narra sua história até o fim. "Que grande capitão!", exclama mais adiante, afirmando que "não há exemplo na história de uma tão grande empresa levada a bom termo com meios tão precários...". É que ninguém se desfaz tão facilmente de seu gosto pela narrativa extraordinária quando colocou como objetivo fazer os leitores sonhar. É que, mesmo contra a moral, a dimensão épica dos escritores do século XIX não abre mão tão facilmente dos recursos imaginários para se afirmar.

Verne, no entanto, não é ingênuo, a imoralidade de seus novos personagens não lhe escapa, e, mesmo com fins romanescos, ele se recusa a deixar passar em branco o caráter traiçoeiro desses homens desleais, capazes de subjugar reis a quem prometeram tratar como amigos; de exterminar, numa única batalha, 120 mil mexicanos; de pilhar as riquezas das cidadelas incas e reduzir os sobreviventes de seus massacres a escravos. A perfídia de Pizarro, sempre pródigo de promessas de amizade e de afeição, sua "alma desleal" não lhe escapam e, até o fim de sua narrativa, Verne alimenta sentimentos contrários.

Teria sido mais prazeroso enaltecer os feitos inauditos de semideuses mais reais que todos os capitães Grant do mundo, mas sua lógica prefere atribuir as proezas desses conquistadores antes à sorte que ao engenho ou à coragem. Quando ele conta que, no México, os povos recém-dominados pelos astecas, massacrados sem piedade por estes, receberam os espanhóis como libertadores, e que, no Peru, a luta entre Huascar e Atahualpa, os ferozes irmãos inimigos, impediu os índios de usar todas as suas forças contra Pizarro, o invasor, quando poderiam ter esmagado facilmente os 62 cavaleiros, os 120 soldados de infantaria, ele retira toda força e brilho de "seus personagens". É possível imaginar o quanto Verne deve ter sofrido no decorrer de seu trabalho ao ver-se impedido de amar seus conquistadores. Se, de um lado, ele condena Pizarro impiedosamente, "cujo espírito cavalheiresco some completamente sob os duros sentimentos", de outro o vemos tentar a reabilitação de Cortez, cuja "graça e nobreza", cujos "modos de gentil-homem acima dos preconceitos que o fizeram amar tanto seus soldados" o seduzem, apesar de tudo.

Como ler então essa breve narrativa? Ela nos promete uma bela aventura e nos deixa tensos e indignados... Quando o colonialismo atinge seu ápice, Júlio Verne se nos mostra torturado como se diante de um fracasso, de uma culpa e de uma vergonha. Logo no começo, ele nos fala da impossibilidade de convivência de dois mundos irreconciliáveis, um deles dirigido por princípios que corrompem até o espírito de aventura. Para que serviu então navegar duas mil léguas pelas selvas amazônicas, sem bússola nem provisões? Que importa o reino fabuloso dos atlântidas, a miragem dos templos cobertos de bronze de Eldorado, se, até para Júlio Verne, o preço a pagar por esse sonho que começou nas colunas de Hércules é tão alto? É de si mesmo, na verdade, que "o inventor" das ilhas mais misteriosas nos fala aqui, e sua história é a de um escritor tomado por seu próprio imaginário, de profeta preso na armadilha do culto que presta à intrepidez, ao progresso dos homens.

Alain Absire

I

Hojeda. – Américo Vespúcio. – Seu nome dado ao Novo Mundo. Juan de La Cosa. – V. Yañez Pinzon. – Bastidas. – Diego de Lepe. – Diaz de Solis. – Ponce de Leon e a Flórida. Balboa descobre o Pacífico. – Grijalva explora as costas do México.

As cartas e as narrativas de Colombo e de seus companheiros, que falavam com entusiasmo da abundância de ouro e pérolas encontrados nas terras recém-descobertas, inflamaram a imaginação de um bom número de comerciantes ambiciosos e de uma multidão de gentis-homens amantes das aventuras.

Em 10 de abril de 1495, o governo espanhol publicara uma licença geral para quem quisesse descobrir novas terras; mas os abusos que logo se produziram e as queixas de Colombo sobre os privilégios que assim se abriam fizeram com que a permissão fosse suspensa em 2 de junho de 1497. Quatro anos depois, foi preciso mais uma vez renovar a proibição e instituir, como sanção, penas mais severas.

Produziu-se, então, uma espécie de grita geral, que teve, para completar, o apoio do bispo de Badajoz, Fonseca, do qual Colombo tanto se queixou, e por quem passavam todos os negócios das Índias.

Mal o comandante deixou Sanlúcar para sua terceira viagem, quatro expedições de descoberta se organizaram quase simultaneamente à custa dos ricos armadores, entre os quais se encontravam dois de primeira linha, como Pinzon e Américo Vespúcio.

Dessas expedições, a primeira, formada por quatro navios, deixou o porto de Santa Maria, em 20 de maio de 1499, comandada por Alonso de Hojeda, que tinha como piloto Juan de La Cosa, e Américo Vespúcio, com funções pouco claras, mas que parece ter sido o astrônomo da frota.

Antes de fazer um breve resumo da história dessa viagem, daremos alguns detalhes sobre esses três homens, o último dos quais tem na história da descoberta do Novo Mundo um papel tão importante que seu nome passou a designar as novas terras.

Hojeda, nascido em Cuenca por volta de 1465, criado na casa dos duques de Medina-Celi, fizera seu aprendizado das armas nas guerras contra os mouros. Convocado entre os aventureiros que Colombo recrutou para sua segunda viagem, ele sempre se fizera notar por sua frieza ao agir e também por sua grande vivacidade de espírito. O que teria levado Colombo e Hojeda a uma total ruptura, depois dos serviços importantes que este prestara, sobretudo em 1495, quando ele venceu a batalha de La Vega em que a confederação caraíba foi aniquilada? Ninguém sabe. O fato é que Hojeda, ao chegar à Espanha, encontrou apoio e proteção ao lado de Fonseca. O ministro das Índias lhe teria até falado, diz-se, do diário da última viagem do almirante e do mapa dos países que este tinha descoberto.

O primeiro piloto de Hojeda era Juan de La Cosa, nascido na verdade em Santona, no país basco. Navegara muitas vezes pela costa da África, antes de acompanhar Colombo em sua primeira viagem e na segunda expedição em que ele exercia as funções de hidrógrafo (*maestro de hacer cartas*).

Como testemunha da habilidade cartográfica de La Cosa, temos dois mapas muito curiosos: um registra todos os dados coletados sobre a costa da África; o outro, em pergaminho e em cores como o anterior, registra as descobertas de Colombo e de seus sucessores.

O segundo piloto era Barthélemy Roldan, que também tinha participado com Colombo da viagem de Paria.

Quanto a Américo Vespúcio, suas funções eram, como já o dissemos, pouco definidas; ele fora para ajudar a descobrir (*per ajutare a discoprire*, diz o texto italiano de sua carta a Soderini).

Nascido em Florença em 9 de março de 1451, Américo Vespúcio pertencia a uma família de prestígio e de posses. Estudara com sucesso matemáticas, física e astrologia, como então se dizia. Seus conhecimentos em história e literatura, se julgarmos por suas cartas, eram bastante vagos e mal-assimilados. Deixara Florença por volta de 1492, sem um objetivo definido, fora para a Espanha onde trabalhou inicialmente com transações comerciais. É assim que vamos encontrá-lo em Sevilha como agente da poderosa casa comercial de seu compatriota Juanoto Berardi. Como essa casa tinha feito os adiantamentos a Colombo para sua segunda viagem, podemos acreditar que vem dessa época o conhecimento dos dois. Quando Juanoto morreu, em 1495, Vespúcio foi alçado pelos herdeiros a chefe da contabilidade da casa.

Talvez por se achar cansado de uma situação que ele achava estar aquém de sua capacidade, talvez por ter sido tomado pela febre das descobertas, ou por ter achado que faria fortuna rápida naquelas terras novas que diziam serem ricas, Vespúcio se juntou, em 1499, à expedição de Hojeda, como mostra o depoimento deste último no processo movido pelo Fisco aos herdeiros de Colombo.

Em 20 de maio, a frota, formada por quatro navios, tendo à frente o *Santa Maria*, pegou a direção sudoeste, e não levou mais do que vinte e sete dias para descobrir o continente americano num lugar chamado Venezuela, porque as habitações, construídas sobre pilotis, lembravam as de Veneza. Hojeda, depois de várias tentativas inúteis para negociar com os indígenas, contra os quais teve de lutar, avistou a ilha Margarida; depois de uma viagem de oitenta léguas a leste do Orenoco, chegou ao golfo de Paria, numa baía que foi chamada baía de las Perlas, porque os índios dedicavam-se à pesca das ostras perlíferas.

Guiado pelos mapas de Colombo, Hojeda passou pela Boca-do-Dragão, que separa Trindade do continente, e voltou para oeste até o cabo de la Vela. Em seguida, após ter alcançado as ilhas Caraíbas, onde fez um grande número de prisioneiros que contava vender na Espanha, ele foi descansar em Yaquimo, na ilha espanhola, em 5 de setembro de 1499.

Colombo, sabendo da ousadia e do espírito turbulento de Hojeda, temeu vê-lo trazer um novo elemento de perturbação para a colônia. Enviou então Francisco Roldan com duas caravelas a fim de conhecer os motivos de sua vinda e se opor, se fosse preciso, a seu desembarque. Mal desembarcou, Hojeda se entendeu com um certo número de descontentes, incitou um levante em Xarágua e resolveu expulsar Colombo. Depois de algumas escaramuças que não lhe foram favoráveis, foi preciso que, num encontro, Roldan, Diego de Escobar e Juan de La Cosa interviessem para fazer Hojeda deixar a ilha de Espanhola. Ele levava, diz Las Casas, uma fantástica carga de escravos que vendeu no mercado de Cádis por uma grande soma. No mês de fevereiro de 1500, ele voltou para a Espanha onde já estavam Américo Vespúcio e B. Roldan, cuja volta se dera em 18 de outubro de 1499.

A latitude mais meridional que Hojeda atingiu nessa viagem foi 4^0N, e a expedição de descobertas propriamente dita durou apenas três meses e meio.

Se nos alongamos um pouco sobre essa viagem, foi porque foi a primeira realizada por Vespúcio. Alguns autores, sobretudo Varnhagen e, por último, M. H. Major, em sua história do príncipe Henrique, o Navegador, admitem que a primeira viagem de Vespúcio é de 1497 e que ele teria, conseqüentemente, visto o continente americano antes de Cristóvão Colombo. Preferimos ficar com a data de 1499, apoiando-nos na autoridade de Humboldt, que dedicou tantos anos ao exame da história da descoberta da América, de M. Ed. Charton e M. Jules Codine, que tratou essa questão no *Bulletin de la Société de Géographie,* de 1873, comentando a obra de M. Major.

"Mesmo que fosse verdade, diz Voltaire, que Vespúcio tivesse feito a descoberta da parte continental, a glória não seria dele; ela pertence incontestavelmente àquele que teve o gênio e a coragem de fazer a primeira viagem, a Colombo. A glória, como diz Newton em sua querela com Leibnitz, vai toda para o inventor." Mas, fazendo nossas as palavras de Codine, como admitir em 1497 "uma expedição que teria descoberto oitocentas e cinqüenta léguas de costas de terra firme, e não ter dela o menor sinal nem nos maiores historiadores contemporâneos, nem nos depoimentos jurídicos em que, a propósito das reclamações do herdeiro de Colombo contra o governo espanhol, há uma exposição contraditória da anterioridade das descobertas de cada comandante sobre cada parte da costa percorrida"?

Enfim, os documentos autênticos extraídos dos arquivos da *Casa de Contratación* mostram que Vespúcio foi encarregado do armamento dos navios destinados à terceira expedição de Colombo em Sevilha e em Sanlúcar, desde meados de agosto de 1497 até a partida de Colombo em 30 de maio de 1498.

Os relatos que se têm das viagens de Vespúcio são pouco claros, imprecisos e sem continuidade; não dão sobre os lugares percorridos senão informações muito vagas, podendo se aplicar a qualquer ponto da costa, e não dão, enfim, sobre os locais visados, assim como sobre os companheiros de Vespúcio, nenhuma indicação que possa esclarecer o historiador. Nenhum nome de alguém conhecido, datas contraditórias, eis o que se encontra nas cartas famosas pela quantidade de comentários que elas suscitaram. "Parece que há, diz A. de Humboldt, uma vontade de tornar confusas, nos documentos mais autênticos, todas as informações sobre o navegador florentino."

Acabamos de contar a primeira viagem de Hojeda, com a qual coincide a primeira viagem de Vespúcio, segundo Humboldt, que comparou e confrontou os principais incidentes dos dois relatos. Ora, Varnhagen conta que, tendo partido em 10 de maio de 1497, Vespúcio entrou em 10 de junho seguinte no golfo de Honduras, seguiu pelas costas de Yucatán e do México, subiu o Mississipi e dobrou, no fim de fevereiro de 1498, o istmo da Flórida. Depois de um descanso de 37 dias na embocadura do São Lourenço, teria voltado a Cádis em outubro de 1498.

Se Vespúcio tivesse realmente feito esse périplo espetacular, teria deixado a léguas de distância todos os outros navegadores seus contemporâneos. Seria mais do que justo que seu nome fosse dado ao continente cuja longa linha litorânea foi por ele explorada. Mas nada disso ficou provado, e a opinião de Humboldt parece até agora, aos olhos dos escritores mais autorizados, reunir o maior número de probabilidades.

Américo Vespúcio fez mais três viagens. A. de Humboldt identifica a primeira com a de V. Yañez Pinzon, e d'Avezac, com a de Diego de Lepe (1499-1500). No final deste último ano, Giuliano Bartholomeo di Giocondo foi o intérprete do rei Emanuel junto a Vespúcio e o levou para trabalhar para Portugal. Vespúcio realizou à custa desta potência duas novas viagens. Na primeira, é tão comandante quanto nas duas anteriores, e sua função na frota é de um homem cujos conhecimentos náuticos podem ser úteis em algumas circunstâncias. A extensão das costas americanas percorridas na terceira viagem vai do cabo de Santo Agostinho a 52^0 de latitude austral.

A quarta expedição de Vespúcio foi marcada pelo naufrágio do navio-almirante perto da ilha de Fernando de Noronha, circunstância que impediu os outros navios de continuar sua rota, a navegar para além do cabo de Boa Esperança em direção a Málaca, e que os obrigou a descer na baía de Todos os Santos, no Brasil. Essa quarta viagem foi feita sem dúvida com Gonçalo Coelho. Quanto à terceira, ninguém sabe quem foi o comandante.

Essas diferentes expedições não enriqueceram Vespúcio; sua situação na corte de Portugal era quase tão apagada que ele tomou a decisão de voltar a trabalhar para a Espanha. Foi aí nomeado *piloto mayor* em 1508. Como recebeu um bom salário nesse cargo, terminou seus dias, se não rico, pelo menos longe da necessidade, e morreu em Sevilha em 22 de fevereiro de 1512, convencido de que, como Colombo, tinha alcançado as costas da Ásia.

Américo Vespúcio é sobretudo célebre porque o Novo Mundo, em vez de se chamar Colombo, o que seria justo, recebeu seu nome. Mas não é a ele que se deve atribuir a responsabilidade da descoberta. Durante muito tempo e erroneamente, acusaram-no de impudência, de embuste e de mentira, achando que ele quisera obscurecer a glória de Colombo e se dar a honra de uma descoberta que não lhe pertencia. Isso não tem sentido. Vespúcio tinha a estima e a consideração de Colombo e de seus contemporâneos, e nada, em seus escritos, ratifica essa calúnia. Há sete documentos impressos atribuídos a Vespúcio. São os relatos resumidos de suas quatro viagens, dois outros relatos das terceira e quarta viagens em forma de cartas dirigidas a Lorenzo de Pier Francesco de Médici, e finalmente uma carta dirigida a esse mesmo personagem e referente às descobertas de Portugal nas Índias. Esses documentos, impressos sob a forma de plaquetas ou cadernos, foram logo traduzidos em várias línguas e se espalharam por toda a Europa.

Foi em 1507 que um tal Hylacolymus, cujo nome verdadeiro era Martin Waldtzemuller, num livro impresso em Saint-Dié e intitulado *Cosmographie introductio*, é o primeiro a propor que se desse o nome de América àquela parte do mundo. Em 1509 aparece em Estrasburgo um pequeno tratado de geografia que acompanha a recomendação de Hylacolymus; em 1520 foi impressa em Basiléia uma edição de Pomponius Mela, que contém um mapa do Novo Mundo com o nome de América. O número de obras que, desde essa época, empregou a denominação proposta por Waldtzemuller foi cada vez maior.

Alguns anos depois, mais bem-informado sobre o verdadeiro descobridor e sobre o valor das viagens de Vespúcio, Waldtzemuller apagou de sua obra tudo o que se referia a este último, e substituiu em todas as passagens o nome de Vespúcio pelo de Colombo. Tarde demais! O erro estava consagrado.

Quanto a Vespúcio, é muito pouco provável que tenha sabido dos boatos que corriam na Europa e do que acontecia em Saint-Dié. Os depoimentos unânimes, para louvar sua honorabilidade, o livram de uma acusação imerecida que durante muito tempo pesou sobre sua memória.

Quase ao mesmo tempo que Hojeda, três outras expedições deixavam a Espanha. A primeira, com um só navio, deixou a Barra Saltés em junho de 1499. O comandante era Pier Alonso Niño, que estivera sob as ordens de Colombo em suas duas última viagens. Ele levava um comerciante de Sevilha, Cristóval Guerra, que, sem dúvida, subvencionara a empresa. Essa viagem à costa de Paria parece ter tido como fim antes um comércio lucrativo do que interesse científico. Nenhuma nova descoberta foi feita; mas os dois viajantes levaram para a Espanha, em abril de 1500, uma boa quantidade de pérolas capaz de excitar a cupidez de seus compatriotas e o desejo de empreender novas aventuras.

A segunda expedição era comandada por Vicente Yañez Pinzon, irmão mais novo de Alonso, o comandante de *Pinta*, tão invejoso de Colombo a ponto de adotar essa divisa mentirosa:

A Castilla y a Leon
Nuevo Mundo dia Pinzon.

Yañez Pinzon, cuja dedicação a Colombo foi tão grande quanto a inveja de seu irmão, lhe adiantara um oitavo das despesas do empreendimento e lhe dera o comando de *Nina* na expedição de 1492.

Ele partiu em dezembro de 1499 com quatro navios, mas só dois voltaram a Palos no final de setembro de 1500. Ele alcançou o continente um pouco abaixo dos lugares visitados alguns meses antes por Hojeda, explorou a costa numa extensão de setecentas a oitocentas léguas, descobriu o cabo de Santo Agostinho por $8^0 20$ de latitude austral, seguiu a costa no sentido N-O até o Rio Grande que ele chamou Santa Maria de la Mar Dulce, e na mesma direção chegou até o cabo São Vicente.

Enfim, de janeiro a junho de 1500, Diego de Lepe, com duas caravelas, explorou os mesmos lugares. Dessa viagem só temos a registrar a observação, muito importante, feita sobre o sentido das costas do continente a partir do cabo de Santo Agostinho.

Mal Lepe acabava de voltar à Espanha, dois navios saíam de Cádis. Foram equipados por Rodrigo de Bastidas, homem rico e honrado, para descobrir terras novas, mas sobretudo com o objetivo de buscar ouro e pérolas, que trocavam então por vidrilhos e outros objetos sem valor.

O chefe da expedição era na realidade Juan de La Cosa, cuja habilidade era proverbial, porque conhecia e explorara todos aqueles lugares. Os navegadores desceram à terra, viram o rio Sinu, o golfo de Uraba, e chegaram ao *Puerto del Retrete*, no istmo do Panamá. Esse porto, que só foi reconhecido por Colombo em 26 de novembro de 1502, está situado a dezessete milhas da cidade logo célebre, mas hoje destruída, de *Nombre de Dios*.

Em suma, essa expedição, organizada por um negociante, tornou-se, graças a Juan de La Cosa, uma das viagens mais ricas em descobertas. Por infelicidade, ela iria terminar muito mal. Os navios se perderam no golfo de Xarágua, o que obrigou Bastidas e La Cosa a alcançar San Domingo por terra. Aí, Bovadilla, esse homem íntegro, esse governador modelo, do qual nós contamos a infâmia lançada contra Colombo, mandou prender os dois exploradores sob o pretexto de eles terem comprado ouro aos índios de Xarágua, e os mandou de volta à Espanha, onde só chegaram depois de uma terrível tempestade, em que uma parte da frota se perdeu.

Depois dessa expedição rica em resultados, as viagens das descobertas se tornam um pouco menos freqüentes durante vários anos, que foram dedicados pelos espanhóis a estabelecer seu domínio nos lugares onde tinham fundado colônias.

Em 1493, começou a colonização da ilha de Espanhola e foi construída a cidade de Isabela. Cristóvão Colombo, dois anos depois, percorrera a região, subjugara os pobres selvagens com a ajuda de cães terríveis treinados para caçar índios, e os obrigara ao duríssimo trabalho das minas, eles que estavam habituados a não fazer nada. Bovadilla, depois Ovando, tratando os índios como um rebanho de animais, os repartira entre os colonos. As crueldades para com essa infeliz raça eram cada dia mais terríveis. Numa ignóbil armadilha, Ovando dominou a rainha de Xarágua e trezentos dos mais importantes índios locais. A um sinal, estes foram passados ao fio da espada sem terem feito nada. "Durante vários anos, diz Robertson, o ouro que se levava para as fundições reais da Espanha elevava-se a cerca de 460 mil pesos (2.400.000 libras turonenses), o que deve parecer uma soma astronômica, se levarmos em conta a grande valorização que o dinheiro adquiriu desde o começo do século XVI." Em 1511, Diego Velásquez empreendeu com trezentos homens a conquista de Cuba, e lá se renovaram as cenas de massacre e pilhagem que deram uma triste fama ao nome espanhol. Cortavam os pulsos dos índios, arrancavam-lhes os olhos, derramavam óleo fervendo ou chumbo derretido em seus ferimentos, quando não os queimavam lentamente para tirar-lhes segredos sobre tesouros que achavam que eles estavam escondendo. Por isso a população foi diminuindo rapidamente e, em breve, estaria completamente extinta. Vale a pena ler em Las Casas, o incansável defensor dessa raça tão odiosamente perseguida, a comovente e terrível história das torturas que ela sofreu por toda parte.

Em Cuba, o cacique Hattuey, feito prisioneiro, foi condenado à morte na fogueira. Amarrado a um poste de madeira. Um franciscano fez tudo para convertê-lo, prometendo que ele iria gozar imediatamente de todas as delícias do paraíso se abraçasse a fé cristã.

"Nesse lugar de delícias, perguntou Hattuey, há espanhóis? – Sim, respondeu o monge, mas só os que foram justos e bons. – O melhor entre eles, replicou o cacique indignado, não pode ser justo nem bom! Não quero ir para um lugar onde possa encontrar um só homem dessa raça maldita."

Esse único fato não basta para pintar o grau de exasperação a que chegou essa desgraçada gente? Aqueles horrores se reproduziam em qualquer lugar aonde fossem os espanhóis! Mas lancemos um véu sobre essas atrocidades cometidas por homens que se acreditavam civilizados e pretendiam converter ao cristianismo, essa religião de perdão e caridade, povos menos selvagens que eles próprios.

Durante os anos 1504 e 1505, quatro navios exploraram o golfo de Uraba. Foi a primeira viagem durante a qual Juan de La Cosa foi o comandante supremo. É dessa mesma época a terceira viagem de

Hojeda à terra de Coquibacoa, viagem realizada mas muito obscura, segundo expressão de Humboldt.

Em 1507, Juan Diaz de Solis, em combinação com V. Yañez Pinzon, descobriu um vasto território que passou a ser conhecido como Yucatán. Embora essa expedição não tenha sido marcada por nenhum acontecimento digno de nota, diz Robertson, ela merece ser mencionada porque levou a descobertas da maior importância. É pela mesma razão que lembraremos a viagem de Diego de Ocampo que, encarregado de dar a volta em Cuba, foi o primeiro a dizer com certeza que essa região, vista antes por Colombo como uma parte do continente, não passava de uma grande ilha.

Dois anos depois, Juan Diaz de Solis e V. Pinzon, navegando ao sul para a linha equinocial, alcançaram 40^0 de latitude meridional, e constataram com surpresa que o continente se estendia à sua direita sobre aquela imensa extensão. Eles desembarcaram várias vezes, tomaram solenemente posse do lugar, mas não fundaram colônia por falta de recursos. O resultado mais claro da viagem foi uma avaliação mais exata da extensão dessa parte do globo.

O primeiro que teve a idéia de fundar uma colônia no continente foi esse Alonso de Hojeda, de cujas incursões aventureiras já falamos. Sem fortuna, mas conhecido por sua coragem e seu espírito empreendedor, ele encontrou facilmente sócios que lhe deram os fundos necessários para a empresa.

Ao mesmo tempo, Diego de Nicuessa, rico colono da Espanhola, organizava uma expedição com o mesmo fim (1509). O rei Fernando, sempre pródigo de incentivos que não custassem caro, concedeu aos dois patentes e títulos honoríficos, mas não lhes deu um maravedi. Criou no continente dois governos, um dos quais ia do cabo de *la Vela* até o golfo do Darién, e o outro desse golfo ao cabo *Gracias a Dios*. O primeiro foi dado a Hojeda, o segundo a Nicuessa. Esses dois conquistadores tiveram de enfrentar populações menos gentis que as das Antilhas. Bem decididos a se opor à invasão de seu território, os nativos dispunham de meios de resistência desconhecidos para os espanhóis. Por isso a luta foi mais encarnecida. Num último combate, setenta dos companheiros de Hojeda morreram sob as flechas selvagens, armas terríveis mergulhadas no "curare", veneno tão violento que o menor ferimento levava à morte. Nicuessa, por seu lado, tinha muito que lutar para se defender, pois, apesar de dois reforços consideráveis vindos de Cuba, a maior parte dos que tinham se engajado naquelas expedições foram morrendo por causa dos ferimentos, cansaço, doenças, privações. Os sobreviventes fundaram a pequena colônia de Santa Maria el Antigua, no Darién, sob o comando de Balboa.

Mas antes de contar a maravilhosa expedição deste último, devemos registrar a descoberta de uma terra que forma a extremidade setentrional desse arco profundamente cavado no continente, que leva o nome de golfo do México. Em 1502, Juan Ponce de León, de uma das mais antigas famílias da Espanha, chegara com Ovando à Espanhola. Ele tinha contribuído para o domínio dessa ilha e conquistado em 1508 a ilha de San Juan de Porto Rico. Tendo ouvido dos índios que existia, na ilha de Bimini, uma fonte milagrosa cujas águas rejuvenesciam os que dela bebiam, Ponce de Leon resolveu ir à sua procura. Ele devia estar precisando dessa água, muito embora não tivesse mais que cinqüenta anos.

Ponce de Leon equipou três navios com seus próprios recursos e partiu do porto Saint-Germain de Porto Rico, em 1º de março de 1512. Dirigiu-se para as Lucaias, que visitou conscienciosamente, assim como o arquipélago das Bahamas. Se não encontrou a fonte da juventude que procurava tão ingenuamente, encontrou pelo menos uma terra que lhe pareceu fértil e à qual deu o nome de Flórida, seja porque desembarcou ali num Domingo de Ramos, seja porque tinha um aspecto encantador. Uma tal descoberta teria satisfeito um pesquisador menos exigente. Mas Ponce de Leon foi de ilha em ilha, experimentando a água de todas as fontes que encontrava, sem no entanto ver seus cabelos brancos voltar à cor natural, nem suas rugas desaparecer. Cansado enfim dessa empresa sem sentido, depois de seis meses de buscas infrutíferas, deixou o lugar, incumbindo Perez de Ortubia e o piloto Antonio de Alaminos de continuar a pesquisa, e voltou a Porto Rico em 5 de outubro. "Ele teve de ouvir muitas pilhérias, diz o padre Charlevoix, dos que o viram retornar muito doente e mais velho do que quando partira."

Poder-se-ia colocar essa expedição, ridícula em seus motivos, mas fértil por seus resultados, entre as viagens imaginárias, não fossem as referências de historiadores tão sérios como Pierre Martyr, Oviedo, Herrera e Garcilasso de la Vega.

Vasco Nuñez de Balboa, quinze anos mais jovem que Ponce de Leon, fora para a América com Bastidas e se estabelecera na Espanhola. Mas aí, como um grande número de compatriotas, apesar do *repartimiento* de índios que lhe coube, ele tinha se endividado tanto que só queria fugir dos processos de seus inúmeros credores. Para sua infelicidade, uma lei proibia qualquer navio que estivesse de partida para a Terra-Firme levar devedores insolventes. Graças a seu espírito engenhoso, Balboa soube driblar a dificuldade e se fez levar num tonel vazio ao navio que levava Encisco ao Darién. Seja como for, o chefe da expedição teve de aceitar o ardil tão bem premeditado por esse bravo aventureiro que só tinha medo dos oficiais de Justiça, como o demonstrou ao desembarcar. Os espanhóis, habituados a encontrar tão pouca resistência nas Antilhas, não conseguiram dominar as populações ferozes da Terra-Firme. Por causa de suas dissensões internas, eles tiveram de se refugiar em Santa Maria el Antigua, que Balboa, eleito comandante em lugar de Encisco, fundou no Darién.

Se ele conseguiu ser temido pelos índios por sua bravura pessoal, pela ferocidade de seu cão Leoncillo, mais temido que vinte homens armados e que recebia regularmente o salário de um soldado, Balboa soube também lhes impor uma certa simpatia por sua justiça e sua moderação relativa, pois não admitia as crueldades inúteis. Durante vários anos, Balboa recolheu preciosas informações sobre aquele Eldorado, a terra do ouro que ele próprio não deveria tocar, mas que abriria caminho para seus sucessores.

Foi assim que ele soube da existência a seis sóis (seis dias de viagem) de um outro mar, o oceano Pacífico, que banhava o Peru, terra de muito ouro. Balboa, cujo temperamento era tão fortemente curtido quanto os de Cortez e Pizarro, mas que não teve tempo de, como eles, mostrar suas qualidades extraordinárias, não se enganou quanto ao valor dessa informação, e compreendeu toda a glória que uma descoberta desse jaez iria dar a seu nome.

Reuniu noventa voluntários, todos soldados intrépidos, habituados como ele às intempéries da guerra, aclimatados aos eflúvios insalubres de uma região pantanosa onde grassam febres, disenteria e doenças do fígado.

O istmo do Darién não tem mais do que sessenta milhas de largura, mas é cortado por uma cadeia de altas montanhas a cujos pés terrenos de aluvião, extremamente férteis, conservam uma vegetação luxuriante da qual os europeus não fazem idéia. É um emaranhado de lianas, fetos, árvores gigantescas que escondem o céu completamente, verdadeira floresta virgem alternada por pântanos e habitada por uma infinidade de pássaros, insetos e animais jamais perturbados por alguém. Um calor úmido aniquila as forças e em pouco tempo abate a energia do homem mais forte.

A esses obstáculos que a natureza parecia ter semeado à vontade pela estrada que Balboa iria percorrer, iriam se juntar outros, não menos temíveis, os ferozes habitantes daquelas plagas. Sem se preocupar com os riscos que a fidelidade problemática de seus guias e de seus auxiliares indígenas podia ocasionar a sua expedição, Balboa partiu, escoltado por cerca de mil índios carregadores e por uma matilha daqueles terríveis lebréus que tinham tomado gosto pela carne humana na Espanhola.

Das tribos que encontrou pelo caminho, umas fugiram para as montanhas com suas provisões, outras, aproveitando os acidentes do terreno, puseramse a lutar. Caminhando entre os seus, sentindo suas dificuldades, Balboa soube elevar-lhes o moral mais de uma vez em baixa, e inspirar-lhes um tal entusiasmo que depois de vinte e cinco dias de caminhada e combates, ele pôde finalmente descobrir do alto de uma montanha aquele imenso oceano, do qual, quatro dias depois, a espada numa mão, a bandeira de Castela na outra, tomou posse em nome do rei de Espanha. A parte do Pacífico que ele acabava de alcançar estava situada a leste do Panamá e até hoje leva o nome de golfo de San Miguel que Balboa lhe havia dado. As informações conseguidas com os caciques da região, que ele dominou pelas armas e entre os quais fez um considerável butim, estavam de acordo com as que ele tinha obtido ao partir.

Havia bem, no Sul, um vasto império, "tão rico em ouro que os mais banais instrumentos eram feitos dele", onde animais domésticos, as lhamas, cuja figura desenhada pelos indígenas lembrava a de um camelo, tinham sido domesticados e carregavam grandes fardos. Esses detalhes interessantes e a grande quantidade de pérolas que lhe foram oferecidas deram a Balboa a certeza de que ele tinha alcançado as terras asiáticas descritas por Marco Polo, de cujas maravilhosas riquezas, que faiscavam continuamente diantes dos olhos daqueles ávidos aventureiros, o viajante veneziano já havia falado.

Em várias ocasiões, Balboa atravessou o istmo do Darién, e sempre em novas direções. Por isso A. de Humboldt pôde dizer com razão que aquelas terras eram mais bem conhecidas no começo do século XVI que no seu tempo. Mas, quando Balboa lançou no oceano por ele descoberto navios construídos por sua ordem, e preparava um formidável arsenal, com o qual intencionava conquistar o Peru, foi ignominiosa e juridicamente condenado à morte por ordem do governador do Darién, Pedrarias Davila, invejoso da reputação que ele já tinha conquistado e da glória que ele ia, sem dúvida, alcançar depois da expedição audaciosa que estava preparando. A conquista do Peru demorou então 25 anos, graças à inveja criminosa de um homem cujo nome se tornou, com o assassinato de Balboa, quase tão tristemente célebre quanto o de Eróstrato.

Se, graças a Balboa, tinham-se coligido os primeiros documentos um pouco precisos sobre o Peru, um outro explorador iria fornecer outros não menos importantes sobre aquele vasto império do México, que impusera seu domínio a quase toda a América Central. Juan de Grijalva recebera, em 1518, o comando de uma frota de quatro navios armados por Diego Velásquez, o conquistador de Cuba, para recolher informações sobre o Yucatán, avistado no ano anterior por Hernandez de Córdoba. Grijalva, acompanhado do piloto Alaminos, que tinha feito com Ponce de Leon a viagem à Flórida, tinha sob seu comando 240 voluntários, entre os quais Bernal Dias del Castillo, esse ingênuo autor de uma história bem interessante da conquista do México, à qual recorreremos mais de uma vez.

Depois de treze dias de navegação, Grijalva avistava na costa de Yucatán a ilha de Cozumel, dobrava o cabo Cotoche, e entrava na baía de Campeche. Desembarcava em 10 de maio em Potonchan cujos habitantes, apesar do espanto causado pelos navios, que eles tomavam por monstros marinhos, e por aqueles homens de rosto pálido que lançavam o raio, defenderam com tanta força sua enseada e a cidade, que 57 espanhóis foram mortos e um grande número feridos. Uma recepção tão acalorada não encorajou Grijalva a ficar muito tempo naquela terra belicosa. Ele retomou o mar, depois de quatro dias de descanso, continuou pela costa oeste do México, entrou em 17 de maio num rio chamado pelos índios de Tabasco, e logo se viu cercado por umas cinqüenta pirogas, cheias de guerreiros, prontos para a luta. Graças à prudência de Grijalva e às demonstrações de amizade que ele não economizou, conseguiu-se a paz.

"Nós mandamos dizer a eles que éramos súditos de um grande imperador chamado don Carlos, que eles também deviam tê-lo por senhor e assim estariam bem. Eles nos responderam que já tinham um soberano e que não entendiam por que mal tínhamos chegado e já lhes oferecíamos um outro antes de conhecê-los." Vale ressaltar que essa resposta estava bem acima do nível dos selvagens.

Em troca de algumas quinquilharias européias, os espanhóis receberam pão de yucca, goma copal, pedaços de ouro em forma de peixes ou pássaros, assim como roupas de algodão fabricadas ali mesmo. Como os índios, embarcados no cabo Cotoche, não entendiam bem a língua dos habitantes de Tabasco, o descanso nesse lugar foi abreviado e retomaram o mar. Passaram diante do rio Guatazacoalco, viram as sierras nevadas de San Martin e lançaram âncora na embocadura de um rio que se denominou *Rio de las Banderas*, por causa das inúmeras bandeiras brancas que os índios içaram como sinal de paz ao verem os estrangeiros.

Quando desembarcou, Grijalva foi recebido com honras que se rendiam aos deuses. Incensaram-no com copal, depuseram a seus pés mais de mil e quinhentas piastras de pequenas jóias de ouro, pérolas verdes e machados de cobre. Depois de terem tomado posse da terra, os espanhóis chegaram a uma ilha que foi chamada ilha de *los Sacrificios*, porque encontraram, numa espécie de altar no alto de uma longa escadaria, cinco índios sacrificados na véspera, o peito aberto, o coração arrancado, os braços e as coxas cortados. Depois pararam numa ilhota que recebeu o nome de San Juan, o santo que se festejava naquele dia, e ao qual se acrescentou *Culua*, palavra que os índios repetiam naquele lugar. Ora, Culua era o antigo nome do México, e aquela ilha San Juan de Culua é hoje São João de Ulhoa.

Depois de ter levado para um navio que enviou para Cuba todo o ouro que tinha recolhido, Grijalva continuou seguindo a costa, descobriu as sierras de Tusta e de Tuspa, recolheu inúmeras e úteis informações nessa região populosa, e chegou ao *rio Panuco*, onde se viu perseguido por embarcações das quais foi difícil se defender.

A expedição alcançava seu fim, os navios estavam em péssimo estado e sem víveres; os voluntários, feridos ou doentes, eram em todo caso pouco numerosos para serem deixados, mesmo ao abrigo das fortalezas, no meio daquelas populações guerreiras. Os próprios chefes não estavam mais de acordo. Em suma, depois de ter consertado o maior número de navios no rio Tonala, onde Bernal Dias se vangloria de ter semeado as primeiras sementes de laranjeiras do México, os espanhóis retomaram a estrada de Santiago de Cuba, onde chegaram em 15 de novembro, depois de uma viagem de sete meses, e não de 45 dias, como disse Ferdinand Denis na Biographie

Didot, e como se repetiu em *Voyageurs anciens et modernes* de Ed. Charton.

Grandes foram os resultados conseguidos com essa viagem. Pela primeira vez, a imensa linha da costa que forma a quase ilha de Yucatán, a baía de Campeche e o fundo do golfo do México, tinha sido explorada de ponta a ponta, sem descontinuidade. Não só se sabia agora que Yucatán não era uma ilha, como se acreditara, mas se recolheram inúmeras e precisas informações sobre a existência do rico e poderoso império do México. Todos ficaram estupefatos diante daquela civilização mais avançada que a das Antilhas, sua arquitetura superior, a cultura inteligente do solo, a delicadeza do tecido das roupas de algodão e o acabamento dos ornamentos de ouro que os índios usavam, tudo o que podia despertar nos espanhóis de Cuba a sede de riquezas e de fazê-los decidir-se a se lançar, modernos argonautas, à conquista daquele novo velo de ouro.

Mas Grijalva não iria saborear os frutos daquela perigosa e inteligente viagem que lançava uma luz tão nova sobre a civilização indígena. O *sic vos, non vobis* do poeta iria uma vez mais se aplicar a essa circunstância.

II

Fernando Cortez. – Seu temperamento. – Sua nomeação. Preparativos da expedição e tentativas de Velásquez para o prender. – Desembarque em Veracruz. – Do México e do imperador Montezuma. – A república de Tlaxcala. – Marcha sobre o México. – O imperador prisioneiro. – Derrota de Narvaez. – La noche triste. – Batalha de Otumba. – Segundo cerco e tomada do México. – Expedição de Honduras. – Viagem à Espanha. – Expedição ao oceano Pacífico. – Segunda viagem de Cortez à Espanha. – Sua morte.

Velásquez não esperou a volta de Grijalva para mandar à Espanha os ricos produtos das terras descobertas por este, e solicitar do conselho das Índias, assim como do bispo de Burgos, mais autoridade para lhe permitir tentar a conquista. Ao mesmo tempo, ele estava se armando à altura dos perigos e da importância da empresa que imaginava. Mas, se lhe era relativamente fácil juntar o material e o pessoal necessários, Velásquez, que um velho escritor descreve como pouco generoso, crédulo e desconfiado, teve muita dificuldade de encontrar um comandante. Este último, com efeito, devia reunir qualidades quase sempre incompatíveis: um grande talento e uma coragem intrépida, sem os quais não se podia esperar sucesso, e ao mesmo tempo tinha de ser bastante dócil e submisso, para nada fazer sem ordens e lhe deixar, a ele que não corria nenhum risco, a glória da empresa e de seu sucesso. Alguns, bravos e empreendedores, não queriam ser reduzidos ao papel de meros instrumentos; outros, mais dóceis e mais dissimulados, não tinham as qualidades requeridas para levar tal empresa ao sucesso; estes, e eram os que acabavam de participar da campanha de Grijalva, queriam que se desse a seu chefe o comando supremo; aqueles preferiam Agustin Bermudez ou Bernardino Velásquez. Enquanto continuavam os conciliábulos, dois favoritos do governador, Andrés de Duero, seu secretário, e Amador de Lares, controlador de Cuba, fizeram aliança com um *hidalgo* chamado Hernando Cortez, com a condição de ter o apoio deste.

"Eles se exprimiram, diz Bernal Dias, em termos tão bons e delicados, fazendo grandes elogios a Cortez, assegurando que era o homem certo para aquela empreitada, que ele seria um comandante intrépido e certamente muito fiel a Velásquez, de quem era afilhado, que eles terminaram convencendo-o, e Cortez foi nomeado capitão-mor. E como Andrés de Duero era o secretário do governador, logo tratou de formular por escrito os poderes outorgados, bem claros, bem amplos, ao gosto de Cortez, e os levou devidamente assinados."

Não era certamente o homem que Velásquez teria escolhido se soubesse ler o futuro. Cortez tinha nascido em 1485, em Medelin, na Estremadura, de uma família antiga mas pouco afortunada. Depois de ter estudado algum tempo em Salamanca, retornou a sua cidade natal, cuja vida pacata não convinha a seu

Hernan Cortez

temperamento irrequieto e a seu humor caprichoso. Ele logo partiu para a América, contando, para ir adiante, com a proteção de seu parente Ovando, governador da Espanhola.

Quando chegou, Cortez ocupou vários empregos honoríficos e lucrativos, sem contar que, de entremeio, ele participava das expedições dirigidas contra os índios. Infelizmente, se ele se iniciava assim na tática indígena, familiarizava-se também com aqueles atos de crueldade que, com freqüência, conspurcava o nome castelhano. Em 1511, acompanhou Diego de Velásquez em sua expedição a Cuba e se distinguiu de tal forma que, apesar de alguns desentendimentos com o comandante, desentendimentos completamente esclarecidos pelos autores modernos, ele recebeu como recompensa por seus serviços muitas terras e índios.

Em poucos anos, graças à sua capacidade de trabalho, Cortez tinha reunido três mil *castellanos*, quantidade considerável para sua posição. Embora nunca tivesse comandado até então, seus dois protetores souberam exaltar a Velásquez sua atividade infatigável, que substituíra seu ímpeto desordenado da juventude, sua prudência bem conhecida, sua lhaneza, como se dizia antigamente, sua grande rapidez de decisão, enfim, seu talento, por demais conhecido, de saber conquistar os corações por seu temperamento cordial. Acrescente-se a isso que Cortez tinha um belo tipo, uma grande habilidade física e uma força de vontade rara, mesmo entre aqueles aventureiros habituados a tudo.

Quando recebeu seu encargo com as marcas do reconhecimento mais respeitoso, Cortez hasteou na porta de sua casa uma bandeira de veludo negro bordado de ouro, com uma cruz vermelha entre chamas azuis e brancas, e embaixo essa legenda em latim: "Amigos, sigamos a cruz, e, se tivermos fé, venceremos com este signo". Ele aliou desde então todos os recursos de seu espírito engenhoso aos recursos necessários para tornar-se vitorioso. Levado por um entusiasmo desconhecido até daqueles que lhes eram mais próximos, ele não só empregou todo o dinheiro que tinha para equipar a frota, mas ainda empenhou suas propriedades, tomou muito dinheiro emprestado aos amigos e com ele comprou navios, víveres, munições de guerra e de cavalos. Em poucos dias, trezentos voluntários alistaram-se, atraídos pelo nome do general, atraídos pelos riscos e pelos possíveis lucros.

Mas Velásquez, sempre desconfiado e sem dúvida insuflado por alguns invejosos, quase faz a empresa abortar logo no começo. Avisado por seus dois protetores de que o governador queria lhe tirar o comando, Cortez tomou uma resolução rápida. Embora ainda precisasse equipar a frota e adquirir mais armamentos, ele reuniu seus homens e levantou âncora de noite. Velásquez, assim desfeiteado, dissimulou sua ira, mas fez tudo para prejudicar aquele que tivera a coragem de enfrentá-lo com tanta desenvoltura.

Em Macaca, Cortez se abasteceu do que faltava e viu se filiar a sua bandeira muitos dos companheiros de Grijalva: Pedro de Alvarado e seus irmãos, Cristóvão de Olid, Alonzo de Ávila, Hernandez de Puerto-Carrero, Gonzalo de Sandoval e Bernal Dias del Castillo, que iria escrever, sobre aqueles fatos *quorum pars magna fuit*, uma crônica preciosa. Depois tomou a direção de Trindade, porto situado na costa meridional de Cuba, onde se reabasteceu de novo. Nesse ínterim, o governador Verdugo recebia cartas de Velásquez pedindo-lhe para prender Cortez, de quem retirara o comando da frota. Mas esse ato teria sido perigoso para a segurança da cidade, e Verdugo preferiu não cumprir a ordem. A fim de reunir novos simpatizantes, Cortez foi para Havana, enquanto seu lugar-tenente Alvarado alcançava o porto por terra, onde foram feitos os últimos preparativos. Apesar do insucesso de sua primeira tentativa, Velásquez mandou outra ordem para prender Cortez; mas o governador Pedro Barba logo viu que isto seria impossível diante de soldados que, segundo a expressão de Bernal Dias, dariam a vida por Cortez.

Enfim, depois de ter feito a convocação dos voluntários e embarcado tudo o que lhe parecia necessário, Cortez partiu em 18 de fevereiro de 1519 com onze navios, o mais possante levando cem tonéis, cento e dez marinheiros, 553 soldados, treze dos quais mosqueteiros, duzentos índios da ilha e algumas mulheres para os trabalhos domésticos. O que constituía a força da expedição eram seis canhões, quatro falconetes com muita munição, e dezesseis cavalos conseguidos com muito dinheiro. Foi com esses recursos nada miseráveis e que deram tanto trabalho para conseguir que Cortez iria iniciar a luta contra um soberano cujos domínios eram mais vastos que todos os da coroa da Espanha, empresa cujas dificuldades o teriam sem dúvida feito recuar se ele tivesse conhecimento pelo menos da metade delas. Mas, o poeta já dissera, a fortuna sorri aos que ousam.

Depois de uma violenta tempestade, a expedição chegou à ilha de Cozumel, cujos habitantes, seja por medo dos espanhóis, seja por convicção da impotência de seus deuses, abraçaram o cristianismo. No momento em que a frota deixava a ilha, tiveram a oportunidade de recolher um espanhol chamado Jerónimo de Aguilar, há oito anos prisioneiro dos índios. Esse homem, que tinha aprendido perfeitamente a língua maia, e que era tão prudente quanto hábil, iria logo prestar grandes serviços como intérprete.

Cortez, depois de ter dobrado o cabo Cotoche, desceu pela baía de Campeche, ultrapassou Potonchan e subiu o rio Tabasco, na esperança de ser aí tão bem recebido quanto Grijalva o fora e de recolher uma boa quantidade de ouro. Mas os índios já não estavam mais receptivos e foi preciso usar da violência. Apesar do número e da bravura, os índios foram derrotados em várias ocasiões, graças ao terror trazido pelas armas de fogo e ao aspecto dos cavaleiros montados, que eles tomavam por seres sobrenaturais. Os índios sofreram muitas baixas nesses combates, e os espanhóis tiveram dois mortos, catorze homens e vários cavalos feridos; estes últimos foram tratados com a gordura dos índios mortos. A paz, finalmente, foi alcançada, e Cortez recebeu víveres, roupas de algodão, um pouco de ouro e vinte mulheres escravas, entre as quais estava Marina, celebrada por todos os historiadores da conquista, que iria prestar tantos serviços aos espanhóis como intérprete.

Cortez continua a navegar para oeste, procurando um lugar apropriado para o desembarque, mas só foi encontrá-lo em São João de Ulloa. Mal a frota lançou âncora, uma canoa apareceu sem medo algum da nau capitânia. Graças a Marina, que era de origem asteca, Cortez soube que os habitantes daquela região eram súditos de um grande império cuja província era uma conquista recente. Seu monarca, chamado Mochteuzoma, mais conhecido pelo nome de Montezuma, vivia em Tenochtitlán ou México, a cerca de setenta léguas para o interior. Cortez disse aos índios de suas intenções pacíficas, ofereceu-lhes alguns presentes, e desembarcou na tórrida e insalubre praia de Veracruz. Logo as provisões apareceram em profusão. Mas no dia seguinte ao desembarque, Tautile, governador da província, enviado por Montezuma, se viu numa situação bem desconfortável quando Cortez lhe pediu que o levasse sem mais tardar ao seu chefe. Ele conhecia todas as preocupações e medos que dominavam o espírito do imperador desde a chegada dos espanhóis. No entanto, mandou levar ao general tecidos de algodão, casacos de plumas e objetos de ouro, cuja riqueza só fez excitar a cupidez dos europeus. Para dar então àqueles pobres índios uma idéia de força, Cortez mandou seus soldados preparar a artilharia, cujas descargas gelaram-nos de terror. Durante todo o tempo que durou o encontro, pintores reproduziram nos tecidos de algodão branco os navios, as tropas e tudo o que lhes havia chamado a atenção. Esses desenhos, feitos com muita habilidade, iriam ser enviados a Montezuma.

Antes de começar a narrar as lutas heróicas que iriam se suceder, parece-nos interessante fornecer alguns detalhes sobre aquele império do México, que, por mais poderoso que parecesse, encerrava, no entanto, vários sinais de decadência e dissolução. Foi isso o que permitiu àquele punhado de aventureiros empreender sua conquista.

A parte da América submetida a Montezuma chamava-se Anahuac, e estendia-se entre 14 e 20^0 de latitude norte. Pelo centro dessa região, que apresenta climas muito variados por causa das diferenças de altitude, um pouco mais perto do Pacífico que do Atlântico, desenvolve-se, num raio de setenta léguas e a sete mil e quinhentos pés acima do nível do mar, uma ampla bacia cujo fundo continha então vários lagos e que é conhecida pelo nome de vale do México, o nome da capital do Império.

Mas possuímos muito poucos detalhes autênticos sobre um povo cujos anais escritos foram queimados por conquistadores ignorantes e por monges fanáticos que suprimiram com empenho tudo o que podia lembrar as tradições religiosas e políticas da raça conquistada.

Vindos do norte no século VII, os toltecas tinham chegado ao planalto do Anahuac. Era uma raça inteligente, dedicada à agricultura e às artes mecânicas, sabiam trabalhar os metais, e construiu a maior parte dos edifícios suntuosos e gigantescos, cujas ruínas encontramos por toda a Nova Espanha.

Depois de quatro séculos de dominação, os toltecas desapareceram da região tão misteriosamente quanto apareceram. Foram substituídos um século depois por uma tribo selvagem que viera do noroeste, e logo seguida de outros grupos mais adiantados, que parecem ter falado a língua tolteca. As mais célebres dessas tribos são as dos astecas e os alcolhues ou texcucans, que assimilaram com facilidade o verniz de civilização que os últimos toltecas deixaram por ali. Quanto aos astecas, depois de uma série de migrações e de guerras, fixaram-se em 1326 no vale do México, onde construíram sua capital Tenochtitlán. Durante um século, graças a um tratado de aliança ofensiva e defensiva entre os Estados do México, de Tezcuco e de Tlacopan rigorosamente observado, a civilização asteca, inicialmente circunscrita aos limites do vale, espalhou-se e seus limites passaram a ser logo o Atlântico e o Pacífico.

Em pouco tempo, esses povos tinham chegado a um grau de civilização superior ao de todas as tribos do Novo Mundo. O direito de propriedade era reconhecido no México, o comércio crescia e era florescente, e três espécies de moedas asseguravam o mecanismo da troca. A vigilância era bem feita, e um sistema de comunicação, que funcionava à perfeição, permitia transmitir rapidamente as ordens do soberano de um lado a outro do império. O número e a beleza das cidades, a grandeza dos palácios, dos templos e das fortalezas denotam uma civilização avançada, que apresenta um singular contraste com os costumes ferozes dos astecas. Nada de mais bárbaro e de mais sanguinário que sua religião politeísta. Os sacerdotes formavam uma corporação muito numerosa e gozavam de uma grande influência, mesmo nos negócios exclusivamente políticos. Ao lado de ritos semelhantes aos dos cristãos, tais como o batismo e a confissão, sua religião era um aglomerado das mais absurdas e sanguinárias superstições. Foi assim que os sacrifícios humanos, adotados no começo do século XIV, e inicialmente bastante raros, logo ficaram tão freqüentes que se avaliam em vinte mil, média anual, o número de vítimas imoladas, e que eram a maior parte oriundas das nações vencidas. Em algumas circunstâncias, esse número foi mesmo muito mais elevado. Foi assim que em 1486, quando da inauguração do templo de Huitzilopchit, setenta mil cativos morreram num só dia.

O governo do México era monárquico; mas o poder dos imperadores, no início muito restrito, cresceu com as conquistas e se tornou despótico. O soberano era sempre escolhido na mesma família, e sua ascensão era marcada por inúmeros sacrifícios humanos.

O imperador Montezuma pertencia à casta sacerdotal, e seu poder tinha recebido dela singulares prerrogativas. Após numerosas guerras, ele foi alargando as fronteiras e subjugando nações que receberam com entusiasmo os espanhóis, cuja dominação lhes parecia ser menos pesada e menos cruel que a dos astecas.

É bem possível que, se Montezuma tivesse enfrentado os espanhóis com as enormes forças de que dispunha, quando estes ocupavam a praia quente e insalubre de Veracruz, eles não teriam conseguido, apesar da superioridade de suas armas e de sua disciplina, resistir a tamanho embate. Teriam morrido ou sido forçados a recuar. O destino do Novo Mundo teria sido completamente diferente.

Mas a decisão, esse traço mais saliente do caráter de Cortez, faltava a Montezuma, que em nenhum momento soube tomar uma decisão firme.

No entanto, novos enviados do imperador foram ter ao campo espanhol, levando a Cortez ordens de abandonar aquele território. Diante da recusa deste, todas as relações dos índios com os invasores cessaram imediatamente. A situação estava ficando tensa. Cortez logo o viu. Depois de ter vencido a hesitação de alguns de seus soldados, ordenou a construção da fortaleza de Veracruz, que lhe iria servir de base para as operações e de apoio para um reembarque possível. Organizou a seguir uma espécie de governo civil, de junta, como se diria hoje, à qual ele restabeleceu os poderes revogados por Velásquez, e deu a si mesmo, em nome do rei, poderes mais amplos. Depois recebeu os enviados da cidade de Zempoalla que foram solicitar sua aliança e sua proteção contra Montezuma, cujo poder eles já não suportavam.

Era verdadeiramente uma felicidade encontrar tais aliados desde os primeiros dias do desembarque. Por isso, Cortez, não querendo perder essa oportunidade, acolheu os totonacas com benevolência, entrou em sua capital, e, depois de mandar construir uma fortaleza em Quiabislan à beira-mar, insuflou-os a não pagar os impostos. Aproveitou a estada em Zempoalla para exortar seus habitantes a se converterem ao cristianismo, e destruiu seus ídolos, como já fizera em Cozumel, para lhes provar como seus deuses eram fracos.

Nesse ínterim, um complô armava-se em seu campo, e, persuadido de que, enquanto houvesse um meio de voltar para Cuba, teria de lutar contra o cansaço e o descontentamento de seus soldados, Cortez mandou afundar todos os seus navios sob o pretexto de que estavam em mau estado e não iriam durar muito. Foi uma decisão audaciosa, verdadeiramente inaudita, que forçava seus companheiros a vencer ou a morrer.

Sem mais temer a indisciplina de suas tropas, Cortez partiu de Zempoalla em 16 de agosto com quinhentos soldados, quinze cavalos e seis canhões de campanha, sem contar os duzentos índios carregadores, para todos os trabalhos civis.

Ele alcançou logo as fronteiras da pequena república de Tlaxcala, cujos ferozes habitantes, inimigos de qualquer dominação, há muito estava em luta contra Montezuma. Cortez se vangloriava de que sua intenção, tantas vezes proclamada, de libertar os índios do jugo mexicano conseguiria o apoio dos tlaxcalas e os faria seus aliados. Ele lhes pediu então permissão para passar pelo seu território, a fim de alcançar o México. Mas seus embaixadores foram presos, e quando ele entrou na região, teve de, durante catorze dias consecutivos, se defender dos atos contínuos dia e noite de vários exércitos de trinta mil tlaxcalas, que demonstraram uma bravura e uma obstinação que os espanhóis ainda não tinham visto no Novo Mundo.

Mas as armas desses bravos eram muito primitivas. Que podiam fazer com flechas e lanças de ponta de pedra ou de osso de peixe, lanças feitas no fogo, espadas de madeira, e sobretudo sem tática suficiente. Quando perceberam que em todos esses combates, que tinham custado a vida a um tão grande número de seus mais bravos guerreiros, nem um só espanhol tinha sido morto, eles acharam que aqueles estrangeiros eram donos de um poder que eles não tinham, mas não sabiam que opinião formar de homens que mandavam de volta, com as mãos cortadas, os espiões surpreendidos em seu campo, e que, depois de cada vitória, não só não devoravam os prisioneiros, mas também os libertavam cheios de presentes e pediam a paz.

Os tlaxcalas se reconheceram então vassalos da Espanha e juraram acompanhar Cortez em todas as suas expedições. De seu lado, este devia protegê-los de seus inimigos. Já era mais do que tempo de se fazer a paz. Muitos espanhóis feridos ou doentes, estavam todos esgotados. Sua entrada triunfal em Tlaxcala, onde foram recebidos como seres sobrenaturais, os fez esquecer rapidamente seus sofrimentos.

Depois de vinte dias de descanso nessa cidade, Cortez retomou sua marcha em direção ao México com um exército auxiliar de seis mil tlaxcalas. Dirigiu-se inicialmente para Cholula, considerada pelos índios como uma cidade santa, santuário e residência preferida por seus deuses. Montezuma sentia-se confortável em atrair até lá os espanhóis, seja porque contasse com a ajuda dos deuses que vingariam a violação de seus templos, seja porque achasse que uma sedição e um massacre fossem mais fáceis de organizar naquela cidade populosa e fanática.

Mas Cortez tinha sido advertido pelos tlaxcalas de que não confiasse muito nos cholulas. Assim, ele se aquartelou dentro da cidade, pois qualquer sinal de medo poderia abalar seu prestígio. Avisado pelos tlaxcalas de que as mulheres e as crianças estavam afastadas, e por Marina de que uma quantidade considerável de tropas estava concentrada nas portas da cidade, que havia armadilhas e trincheiras nas ruas, enquanto os terraços estavam cheios de pedras e arqueiros, Cortez alertou seus inimigos, mandou prender os dirigentes da cidade e organizou o massacre de uma população surpresa e privada de seus chefes. Durante dois dias inteiros, os infelizes cholulas viram-se expostos a todos os males de que foram capazes a ira dos espanhóis e a vingança dos tlaxcalas, seus aliados.

Seis mil homens decapitados, os templos queimados e a cidade semidestruída. Era um exemplo terrível, feito para aterrorizar Montezuma e seus súditos.

Por toda a circunvizinhança, num raio de vinte léguas da capital, Cortez foi recebido como um libertador. Não havia um cacique que não se queixasse do despotismo imperial, o que dava a Cortez esperança de que iria dominar um império tão dividido.

À medida que desciam as montanhas do Chalco, diante da visão do vale do México, seu lago imenso, profundamente recortado e cercado de grandes cidades, aquela capital construída sobre pilotis, aqueles campos tão bem cultivados, os espanhóis iam ficando extasiados.

Sem se preocupar com as tergiversações de Montezuma, que até o último momento não decidira se recebia os espanhóis como amigos ou inimigos, Cortez pegou o caminho que levava ao México através do lago. Quando já estava a menos de um quilômetro da cidade, vieram ao seu encontro índios com vestes magníficas que indicavam seu grau de importância. Saudaram Cortez e lhe anunciaram a chegada do imperador.

Logo surgiu Montezuma, carregado nos ombros de seus eleitos numa espécie de liteira ornada de ouro e plumas e protegido do sol quente por um pálio magnífico.

À medida que avançava, os índios se ajoelhavam diante dele e escondiam a cabeça, como se fossem indignos de contemplá-lo. Aquela primeira entrevista foi cordial, e Montezuma levou pessoalmente seus visitantes ao lugar que lhes havia preparado. Era um vasto palácio, cercado por uma muralha de pedra e defendido por torres elevadas. Cortez tomou logo suas medidas de defesa e mandou assestar seus canhões para as avenidas que davam acesso ao palácio.

No segundo encontro, presentes magníficos foram oferecidos ao general assim como aos seus soldados. Montezuma contou que, seguindo uma antiga tradição, os antepassados dos astecas viriam sob o comando de um homem branco e barbudo como os espanhóis. Depois de ter fundado seu império, ganhara o oceano, prometendo-lhes que um dia seus descendentes viriam visitá-los e reformar suas leis. Se os recebia hoje, não como estrangeiros, mas como pais, era porque estava certo de que eles eram os descendentes de seu antigo comandante e que lhes pedia para se verem como os donos de suas terras.

Os dias seguintes foram gastos em visitas à cidade que pareceu aos espanhóis maior, mais populosa, mais bela que nenhuma outra das que tinham visto até então na América. O que constituía sua singularidade eram as estradas que faziam sua ligação com a terra firme, estradas interrompidas aqui e ali para permitir a livre passagem das embarcações que singravam o lago. Nessas passagens havia pontes que podiam ser facilmente desmontadas. Do lado leste, não havia estrada, e a comunicação com terra firme só podia ser feita por canoas. Essa configuração do México deixava Cortez preocupado, pois de repente podia se ver bloqueado na capital sem poder sair. Resolveu, então, para prevenir qualquer tentativa de sedição, fazer o imperador seu prisioneiro. As notícias que acabava de receber lhe davam um excelente pretexto: Qualpopoca, general mexicano, tinha atacado as províncias dominadas pelos espanhóis, ferido de morte Escalante e sete de seus soldados; enfim, a cabeça de um prisioneiro decapitado, levada de cidade em cidade, provava que os invasores podiam ser vencidos e não passavam de simples mortais.

Cortez aproveitou esses acontecimentos para acusar o imperador de traição. Ele achou que, se ele estava tratando-o tão bem e a seus soldados, era para, quando houvesse uma ocasião favorável, dar-lhes o mesmo tratamento dado a Escalante, procedimento indigno de um rei e bem diferente da confiança com a qual Cortez fora ao seu encontro. Se, por outro lado, as suspeitas de que todos os espanhóis tinham imaginado eram infundadas, o imperador tinha um meio bem simples de se justificar mandando punir Qualpopoca. Enfim, para impedir novas agressões que só iriam prejudicar a boa convivência e a fim de provar aos mexicanos que não alimentava contra os espanhóis nenhuma má intenção, Montezuma não tinha outra saída senão ir morar com eles. Não foi uma decisão fácil para o imperador, compreende-se, mas teve de ceder à violência e às ameaças. Anunciando a seus súditos sua nova resolução, ele teve de assegurar várias vezes que estava se colocando por sua livre vontade nas mãos dos espanhóis e de acalmá-los com essas palavras, pois eles ameaçavam se lançar sobre os estrangeiros.

Esse golpe audacioso deu muitas esperanças a Cortez. Qualpopoca, seu filho e cinco dos principais articuladores da revolta foram presos pelos mexicanos, entregues a um tribunal espanhol, ao mesmo tempo juiz e parte, que os condenou e mandou queimá-los vivos. Ainda não contente por ter só punido os homens que não fizeram senão executar as ordens do imperador e enfrentar de armas na mão o invasor de suas terras, Cortez impôs uma nova humilhação a Montezuma, agrilhoando-lhe os pés, sob o pretexto de que os culpados o tinham acusado até o último instante.

Durante seis meses, o conquistador exerceu em nome do imperador, reduzido a um rei de fantasia, a autoridade suprema, mudando os governadores que lhe desagradavam, cobrando os impostos, presidindo todos os detalhes da administração, enviando, para as diferentes províncias do império, espanhóis encarregados de reconhecer suas produções e examinar com todo cuidado os distritos mineiros e os procedimentos para encontrar ouro.

Para terminar, Cortez aproveitou a curiosidade de Montezuma em relação aos navios europeus e mandou buscar em Veracruz aparelhagens e equipamentos, construindo dois brigues destinados a assegurar sua comunicação do lago com a terra firme.

Encorajado por tantas provas de submissão e de humildade, Cortez foi mais longe e exigiu que Montezuma se reconhecesse vassalo e submisso às leis da Espanha. Esse ato de fé e homenagem foi acompanhado, dá para se imaginar facilmente, por ricos e inumeráveis presentes, assim como de um boa grande soma em dinheiro que foi levantada sem muita dificuldade. Aproveitou-se a ocasião para juntar e fundir tudo o que tinha sido extorquido em ouro e em prata dos índios, salvo algumas peças que foram conservadas por causa da beleza do trabalho. O todo não foi além dos seiscentos mil pesos, ou seja dois milhões e quinhentas mil libras. Assim, embora os espanhóis tivessem posto em ação toda a sua força, embora Montezuma tivesse esgotado seus tesouros para saciá-los, o montante era uma soma ridícula, bem diferente do que os conquistadores tinham imaginado.

Quando separaram o *quinto* do rei, o *quinto* de Cortez, e a parte que iria reembolsar as quantias adiantadas para os gastos com armamentos, a parte de cada soldado não ultrapassou os cem pesos. Depois de ter sofrido tanto cansaço, corrido tão grandes perigos e passado por tantas privações, tudo só por cem pesos, valia mesmo a pena ficar na Espanhola! Se era assim que terminavam as magníficas promessas de Cortez, se a divisão tivesse sido feita com justiça, do que não se tinha certeza, não era vantajoso ficar num lugar tão miserável por muito tempo, quando, sob a tutela de um comandante menos pródigo de promessas, porém mais generoso, podia-se receber terras ricas em ouro e pedras preciosas, onde bravos guerreiros encontrariam uma justa compensação para suas necessidades. Assim murmuravam aqueles aventureiros ávidos; alguns aceitaram, reclamando do que lhes coube; outros recusaram desdenhosamente a sua parte.

Se Cortez conseguira convencer Montezuma em tudo o que tocava à política, o mesmo não se pode dizer no tocante à religião. Ele nunca conseguiu convencê-lo a se converter e quando quis destruir os ídolos como fizera em Zempoalla, houve uma revolta que só não se tornou mais séria porque ele voltou atrás imediatamente. Desde então, os mexicanos, que tinham sofrido quase sem resistência a prisão e a submissão de seu monarca, resolveram vingar os deuses ultrajados e prepararam uma revolta geral contra os invasores.

Quando as coisas pareciam estar tomando um caminho menos favorável no interior, Cortez recebeu, de Veracruz, a notícia de que vários navios estavam cruzando diante do porto. Inicialmente, ele acreditou que essa frota de socorro era mandada por Carlos V em resposta à carta que lhe tinha enviado. Mas logo viu o seu engano ao saber que aquele frota armada, organizada por Diego Velásquez, que tinha sabido com que facilidade seu lugar-tenente havia cortado todos os laços de dependência para com ele, tinha como objetivo fazê-lo prisioneiro e enviá-lo a Cuba, onde seria julgado de imediato.

Aquela frota, cujo comando fora dado a Pamphilo de Narvaez, não contava menos de dezoito navios, levava oitenta cavaleiros, cem soldados de infantaria, oitenta dos quais mosqueteiros, 120 arqueiros e doze canhões.

Narvaez desembarcou com facilidade perto do forte San Juan de Ulloa. Mas, ao intimar Sandoval, governador de Veracruz, a lhe entregar a cidade, este prendeu os que estavam encarregados de tal insolência e os enviou ao México. Cortez os libertou imediatamente e conseguiu deles informações circunstanciadas sobre os projetos e as forças de Narvaez. O perigo que ele corria pessoalmente era grande. As tropas armadas de Velásquez eram mais numerosas, tinham mais armas e munições que as dele; além disso, o que o preocupava não era a perspectiva de ser condenado, de ser morto, era o medo de ver todos os seus esforços ir a pique e saber que aquelas dissensões iriam prejudicar sua pátria. A situação era crítica. Depois de ter refletido muito e pesado os prós e os contras de sua resolução, Cortez preferiu lutar, apesar de sua inferioridade, a sacrificar suas conquistas e os interesses da Espanha.

Antes de chegar a esse ponto extremo, Cortez enviou a Narvaez seu capelão Olmedo, que foi muito mal recebido, e viu todas as suas propostas de paz serem rejeitadas com desprezo. Olmedo teve mais sucesso junto aos soldados, pois já era conhecido de grande parte e distribuiu entre eles correntes, anéis de ouro e jóias, bem de acordo com a idéia que queria passar sobre as riquezas do conquistador. Mas Narvaez, quando soube que suas tropas estavam sendo seduzidas dessa forma, não perdeu tempo; pôs a cabeça de Cortez a prêmio e partiu ao seu encontro. Este último era muito hábil para combater em condições desfavoráveis. Cortez deixou o tempo correr, cansou Narvaez e suas tropas, que entraram em Zempoalla, e tomou medidas tão bem acertadas que, ao atacar à noite e de surpresa os adversários para compensar a inferioridade de suas forças, prendeu o chefe e todos os seus comandados, enquanto perdeu apenas dois soldados.

O vencedor tratou bem os vencidos, permitindo-lhes escolher entre voltar para Cuba ou partilhar de sua riqueza. Esta última perspectiva, apoiada em presentes e promessas, pareceu tão sedutora aos recém-chegados que Cortez se viu à frente de mil soldados um dia depois de quase ter caído nas mãos de Narvaez.

Essa brusca reviravolta do destino foi secundada habilmente pela diplomacia de Cortez, que se apressou em retomar o caminho do México. As tropas que ele tinha deixado sob o comando de Alvarado, guardando seus tesouros e o imperador prisioneiro, estavam reduzidas ao mínimo pelos ataques dos índios, que tinham matado ou ferido um grande número de soldados e o restante estava estreitamente encurralado, sob a ameaça permanente de um ataque geral. É bom dizer que o comportamento imprudente e criminoso dos espanhóis e notadamente o massacre, durante uma festa, dos cidadãos mais eminentes do império, tinham provocado a sublevação que eles temiam e que quiseram prevenir.

Depois de ter ao seu lado dois mil tlaxcalas, Cortez avançou sem mais tardar sobre a capital, onde chegou sem dificuldade, sem que os índios tivessem destruído as pontes sobre as estradas e os diques que ligavam o México à terra firme. Apesar do reforço recebido, a situação não melhorou. Diariamente era preciso encetar novos combates e conseguir liberar as avenidas dos palácios ocupados pelos espanhóis.

Cortez compreendeu então o erro que tinha cometido ao se enclausurar numa cidade onde a qualquer momento podia ser atacado e de onde era tão difícil sair. Recorreu então a Montezuma, que podia, por sua autoridade e pelo prestígio de que ainda gozava, acalmar os ânimos, dar, em todo caso, um pouco de paz aos espanhóis e preparar sua retirada. Mas, quando o infeliz imperador, transformado em joguete nas mãos de Cortez, apareceu nas muralhas, com sua indumentária real, e convocou seus súditos a cessar as hostilidades, ouviram-se murmúrios de descontentamento e ameaças; as hostilidades recomeçaram e, antes que os soldados tivessem tido tempo de protegê-lo com seus escudos, o imperador foi ferido por flechas e derrubado por uma pedrada na cabeça.

Ao vê-lo assim, os índios, aturdidos com o crime que acabavam de cometer, sustaram o combate na hora e fugiram em várias direções. Quanto ao imperador, compreendendo, embora tarde demais, toda a abjeção do papel que Cortez o fizera desempenhar, arrancou os curativos do corpo, recusou qualquer alimento e expirou amaldiçoando os espanhóis.

Depois de um acontecimento tão funesto, era impossível chegar à paz com os mexicanos, e era

LAGUNE
DE MEXICO
lors du Siège par
F. CORTÈS.
d'après l'édition mexicaine
DE CLAVIJERO
Coptepec
Citlaltepec
Tecamac
Tepotzotlan
Toltitlan
Chiconautla
Atlatonco
Teotihuacan
Ehecatepec
Totolzinco
Tolpetlac
Tlalnepantla
Tepechpan
Acolman
Tetzonjocan
Azcapozalco
Tacuba
Popotla
LAGUNE DE
Papalotla
Atenco
Peñol de Banos
TEZCUCO
Chapoltepec
MEXICO
Atlacuihuajan
TEZCUCO
Huexutla
Chinampas
Mixcoac
Peñol del Marquez
Chimalhuacan
Quauhximalpan
Mexicalzinco
Huitzilopochco
Ayotla
DE CHALCO
Tepepan
Xochimilco
Toliahuaco

preciso a todo custo e rapidamente se retirar de uma cidade onde se iria terminar bloqueado e sem víveres. Cortez compreendeu isso e preparou-se secretamente. Suas tropas estavam a cada dia mais encurraladas; ele mesmo teve de combater pessoalmente como um simples soldado. Solis chega a contar, não se sabe com que autoridade, que, num ataque feito a um dos edifícios principais do aquartelamento dos espanhóis, dois jovens mexicanos, ao reconhecerem Cortez, que incitava os soldados pessoalmente, resolveram se sacrificar para matar o responsável pelas calamidades de sua pátria. Eles se aproximaram de Cortez numa postura suplicante, como se quisessem pedir clemência, e agarrando-o pela cintura, levaram-no até uma ameia, de onde se jogaram, esperando levá-lo consigo. Mas, graças a sua força e agilidade excepcionais, Cortez pôde escapar àquele abraço, e aqueles bravos mexicanos pereceram em sua tentativa generosa e inútil de salvar sua terra.

Uma vez decidida a retirada, tratava-se de saber se seria feita de dia ou de noite. De dia, era mais fácil resistir ao inimigo, era mais fácil ver as armadilhas preparadas, podiam-se mais facilmente tomar precauções para restabelecer as pontes rompidas pelos mexicanos. De outro lado, sabia-se que os índios atacavam raramente depois do pôr-do-sol; mas o que decidiu Cortez pela retirada noturna foi a opinião de um soldado envolvido com astrologia, que previu pleno êxito se a saída fosse à noite.

À meia-noite, puseram-se então em marcha. Além das tropas espanholas, Cortez tinha sob suas ordens os destacamentos de Tlaxcala, de Zempoalla e de Cholula, que ainda chegavam a sete mil homens, apesar das perdas consideráveis que tinham sofrido. Sandoval comandava a vanguarda; Cortez estava no centro com as bagagens, os canhões, os prisioneiros, entre os quais estavam um filho e duas filhas de Montezuma; Alvarado e Velásquez de Leon conduziam a retaguarda. Tinha-se tido o cuidado de construir uma ponte volante que devia ser lançada sobre as partes rompidas da estrada. Mal os espanhóis chegaram ao dique que levava a Tacuba, e que era a mais curta, foram atacados de frente, por trás e pelos flancos pelos inimigos em massa, enquanto uma enorme frota de barcos lançava sobre eles uma chuva de pedras e outros projéteis. Aturdidos, cegos, os aliados não sabem ao que reagir primeiro. A ponte de madeira cai sob o peso da artilharia e dos combatentes. Amontoados numa estrada estreita, sem poder usar as armas de fogo, privados de sua cavalaria que precisa de espaço, misturados com os índios que os atacam corpo a corpo, os espanhóis e seus aliados cedem diante dos inimigos que não param de se multiplicar. Chefes e soldados, infantaria e cavaleiros, espanhóis e tlaxcalas se confundem; cada um se defendia pessoalmente, sem se preocupar com a disciplina e com a salvação do grupo.

Tudo parecia perdido quando Cortez, com uma centena de homens, consegue ultrapassar o dique rompido, caminhando sobre a massa de cadáveres nele amontoados. Ele arruma seus soldados à medida que vão chegando e, à frente dos que estavam menos gravemente feridos, penetra como uma cunha na confusão e consegue libertar uma parte dos seus. Antes de o dia amanhecer, tudo o que pudera escapar ao massacre daquela *noche triste*, como foi chamada aquela noite terrível, encontrava-se reunido em Tacuba. Foi com os olhos cheios d'água que Cortez passou em revista seus últimos soldados, todos com ferimentos, e só então se deu conta das perdas sensíveis que sofrera; quatro mil índios, tlaxcalas e cholulas, e quase todos os cavalos estavam mortos; toda a artilharia assim como as munições e a maior parte dos equipamentos estavam perdidos; vários oficiais de destaque, Velásquez de Leon, Salcedo, Morla, Lares e muitos outros, estavam entre os mortos; um dos mais perigosamente atingidos era Alvarado; nenhum homem, oficial ou soldado, saiu ileso.

Não se demoraram em Tucuba, e pegaram ao acaso a estrada que levava a Tlaxcala, onde não sabiam como seriam acolhidos. Sempre com os mexicanos no encalço, os espanhóis tiveram ainda de enfrentar uma grande batalha nos campos de Otumba contra uma multidão de guerreiros que alguns historiadores avaliam em duzentos mil. Graças a alguns cavaleiros que lhe restavam, Cortez conseguiu ultrapassar tudo o que estava à sua frente e chegar a uma tropa de importantes figuras facilmente reconhecíveis por seus penachos dourados e vestimentas luxuosas, entre os quais estava o general carregando o estandarte. Com alguns cavaleiros, Cortez investiu sobre o grupo e foi feliz e de grande habilidade ao derrubar com um golpe de lança o general mexicano, que um soldado chamado Juan de Salamanca, com um golpe de espada, acabou de matar. Desde o momento em que o estandarte desapareceu, a batalha foi vencida, e os mexicanos, tomados de um terror pânico, abandonaram apressadamente o campo de batalha. "Os espanhóis jamais tinham corrido maior perigo, e sem a estrela de Cortez, diz Prescott, nem um teria sobrevivido para transmitir à posteridade a história sangrenta da batalha de Otumba." O butim foi considerável e deu para ressarcir em parte os espanhóis das perdas que tinham sofrido quando deixaram o México, pois esse exército era composto dos principais guerreiros da nação, que, persuadidos de seu sucesso infalível, estavam usando suas indumentárias mais ricas.

No dia seguinte, os espanhóis entravam no território de Tlaxcala.

"Chamarei agora a atenção dos curiosos leitores, diz Bernal Dias, sobre o fato de que, quando voltamos ao México para socorrer Alvarado, éramos trezentos homens, entre eles os cavaleiros num total de 97, oitenta arqueiros, a mesma quantidade de escopetas e mais de dois mil tlaxcalas com muita artilharia. Nossa segunda entrada no México se dera no dia de São João de 1520, e nossa fuga no 10 de julho seguinte. No dia 14 desse mesmo mês deu-se a batalha de Otumba. E agora quero chamar a atenção para o número de homens que foram mortos, tanto no México, durante a passagem pelas estradas e pelas pontes, quanto nos outros encontros de Otumba e pelos caminhos. Afirmo que, no espaço de cinco dias, foram massacrados 860 homens, entre eles setenta soldados, mortos na aldeia de Rustepeque com cinco mulheres de Castela; perdemos ao mesmo tempo mil e duzentos tlaxcalas. Vale ressaltar ainda que, se morreram mais homens da tropa de Narvaez que da de Cortez, na passagem das pontes, foi porque eles levavam tanto ouro que o peso os impediu de nadar e de escapar das trincheiras."

As tropas de Cortez estavam reduzidas a 440 homens com vinte cavalos, doze arqueiros e sete homens de escopeta sem um carregamento de pólvora, todos feridos, mancando ou de braços estropiados, ou seja, no mesmo número que quando entraram no México, mas com a grande diferença de que agora saíam da capital como vencidos.

Ao entrar no território de Tlaxcala, Cortez recomendou a seus homens, e particularmente aos de Narvaez, não humilhar os indígenas, pois era uma questão de sobrevivência para todos, e não irritar os únicos aliados que lhes restavam. Por felicidade, os temores em relação à fidelidade dos tlaxcalas eram infundados. A acolhida que deram aos espanhóis foi das mais simpáticas; eles só pensavam em vingar a morte de seus irmãos massacrados pelos mexicanos. Em sua capital, Cortez soube ainda da perda de dois destacamentos, mas essas derrotas, por mais graves que fossem, não o abateram. Ele tinha sob suas ordens tropas aguerridas, aliados fiéis; Veracruz estava intacta; ele podia ainda uma vez mais contar com sua sorte.

Mas, antes de empreender uma nova campanha e fazer um novo cerco, era preciso pedir ajuda e se preparar. Cortez não perdeu tempo. Mandou quatro navios à Espanha para arregimentar voluntários e comprar cavalos, pólvora e munições; ao mesmo tempo, mandou cortar nas montanhas de Tlaxcala madeira necessária para a construção de doze brigues que deveriam ser transportados por partes até o lago do México, onde seriam lançados no momento oportuno.

Depois de ter reprimido algumas tentativas de rebelião que ocorreram sobretudo entre os soldados remanescentes de Narvaez, Cortez seguiu em frente mais uma vez e, com a ajuda dos tlaxcalas, enfrentou inicialmente os habitantes de Tepeaca e outras províncias vizinhas, o que teve a vantagem de familiarizar de novo suas tropas com a vitória e elevar o moral de seus aliados.

Neste momento, dois escaleres carregados de munição e reforços, mandados por Velásquez a Narvaez, cujos dissabores ele ignorava, caíram nas mãos de Cortez; ao mesmo tempo, um certo número de espanhóis enviados por François de Garay, governador da Jamaica, se juntaram a ele. Graças a esses reforços, o exército de Cortez, quando este se desfizera de inúmeros partidários de Narvaez, com os quais estava descontente, ganhara quinhentos soldados de infantaria, dos quais oitenta eram mosqueteiros e quarenta cavaleiros. É com esse pequeno exército, apoiado por mil tlaxcalas, que ele retoma o caminho do México, em 28 de dezembro de 1520, seis meses depois de ter sido forçado a abandoná-lo.

Apesar do interesse que pode oferecer, não nos deteremos nessa campanha; mas ela teve como palco cidades já descritas, e não é bem da história da conquista do México que pretendemos falar. Basta dizer que depois da morte de Montezuma, seu irmão Quetlavaca, elevado ao trono, tomara todas as medidas de precaução compatíveis com a ciência estratégica dos astecas. Mas ele morreu justamente no momento em que suas qualidades de cautela e de bravura seriam tão importantes. Morreu de varíola, triste presente que os espanhóis trouxeram ao Novo Mundo.

Assim que entrou no território mexicano, Cortez teve de lutar. Mas logo tomou Texcuco, cidade situada a vinte milhas do México e banhada pelo lago central, onde os espanhóis veriam navegar três meses depois uma frota imponente. Durante esse tempo, uma nova conspiração, que tinha como objetivo matar Cortez e seus oficiais mais importantes, tinha sido descoberta e o principal responsável foi executado. Tudo parecia sorrir para Cortez nesse momento; acabava de saber da chegada de novos recursos em Veracruz, e a maior parte das cidades sob o domínio de Guatimozin se submetia a suas armas. O cerco verdadeiro começou no mês de maio de 1521 e continuou alternando vitórias e derrotas até o dia em que os escaleres ficaram prontos. Os mexicanos não se intimidaram; quatro a cinco mil canoas, cada uma com dois homens, tomaram o lago e assaltaram os barcos espanhóis onde estavam quase trezentos homens. Esses novos brigues, que levavam canhão, conseguiram pôr para correr ou afundaram a frota inimiga, que lhes deixou, desde então, o campo livre. Mas esse sucesso e algumas outras vantagens conseguidas por Cortez não levavam a grande coisa, e o cerco se arrastava. Aí então o general resolveu tomar a cidade à força. Infelizmente, o oficial encarregado de proteger a linha de retaguarda pelas estradas enquanto os espanhóis entravam na cidade, achando esse posto indigno de seu valor, trocou-o pelo combate. Guatimozin, sabendo do erro que fora cometido, logo soube tirar partido. Atacou os espanhóis por todos os lados com um empenho incomum, fazendo enormes baixas, e 72 soldados caíram vivos em suas mãos. Cortez mesmo quase foi preso vivo e ficou gravemente ferido na coxa. Durante a noite, o grande templo do deus da guerra foi iluminado em sinal de vitória, e os espanhóis ouviram com profunda tristeza ressoar o grande tambor. De onde estavam, puderam assistir aos últimos momentos de seus desafortunados compatriotas, que tiveram o coração arrancado ao peito aberto e o corpo lançado pelas escadarias, destroçados pelos astecas, que disputaram os pedaços num horrendo festim.

Essa assustadora derrota fez o cerco se prolongar até o dia em que, com os três quartos da cidade tomados ou destruídos, Guatimozin foi obrigado por seus conselheiros a abandonar o México e ganhar terra firme, onde contava organizar a resistência. Mas foi feito prisioneiro quando a barca que o conduzia foi capturada. Ele iria mostrar em seu cativeiro muito mais força de caráter e dignidade que seu tio Montezuma.

Desde então, cessou qualquer resistência, e Cortez pôde tomar posse da capital semidestruída. Depois de uma heróica resistência, durante a qual 120 mil mexicanos, dizem uns, 240 mil, dizem outros, morreram depois de um cerco que não durara menos de 75 dias, a cidade do México, e com ela todo o império, sucumbia menos aos golpes que lhe tinham sido desfechados pelos espanhóis que ao velho ódio, à revolta dos povos conquistados e à inveja dos estados vizinhos, que iriam logo lamentar o jugo do qual tinham escapado por sua própria vontade.

A embriaguez da vitória logo foi substituída entre os espanhóis pela decepção e pela raiva. As imensas riquezas que contavam encontrar não existiam ou tinham sido lançadas no lago.

Cortez, na impossibilidade de acalmar os descontentes, viu-se obrigado a permitir a tortura do imperador e de seu primeiro ministro. Alguns historiadores, e notadamente Gomara, contam que, enquanto os espanhóis atiçavam o fogo sob a grelha onde estavam deitadas as duas vítimas, o primeiro ministro voltou a cabeça para o seu chefe e parece que pediu que ele dissesse para porem fim àquelas torturas; mas

Guatimozin teria repreendido aquele instante de fraqueza com essa única frase: "E eu, estou numa boa situação?", resposta que foi transformada poeticamente em: "E eu, por acaso, estou deitado sobre rosas?".

Os historiadores da conquista foram a maior parte presos quando da tomada do México; mas falta-nos falar de algumas outras expedições feitas por Cortez com objetivos diferentes e que lançaram uma nova luz sobre algumas regiões da América Central; enfim, não queremos abandonar esse herói que teve um papel tão importante no desenvolvimento da civilização e na história do Novo Mundo, sem dar alguns detalhes sobre o fim de sua vida.

Com a capital caíra praticamente o império mexicano; se houve alguma resistência, notadamente na província de Oaxaca, ela foi isolada, e bastaram alguns destacamentos para reduzir o número de oponentes, aterrorizados pelos suplícios a que submeteram os habitantes de Panuco que se tinham revoltado. Ao mesmo tempo, os povos das regiões distantes do império enviavam embaixadores para se convencerem da realidade desse fato maravilhoso, a queda do México, para contemplar as ruínas da cidade odiada e se submeterem aos vencedores.

Cortez, tendo enfim alcançado o que queria, depois dos incidentes longos demais para relatar aqui e que o fizeram dizer: "Foi mais difícil lutar contra meus compatriotas que contra os astecas", só tinha agora de organizar sua conquista. Começou por estabelecer a sede de seu poder no México, por ele reconstruído. Atraiu os espanhóis dando-lhes concessões de terras, e os índios, deixando-os no começo sob a autoridade de seus chefes naturais, embora os tivesse reduzido logo, exceto os tlaxcalas, a escravos pelo vicioso sistema dos *repartimientos*, em uso nas colônias espanholas. Mas, se por um lado temos o direito de reprovar Cortez por ter reduzido os direitos políticos dos índios, por outro é preciso reconhecer a mais louvável solicitude pelo bem-estar espiritual deles. Ele mandou buscar padres franciscanos que, por seu zelo e caridade, ganharam em pouco tempo a veneração dos índios e conseguiram em cerca de vinte anos a conversão completa da população.

Ao mesmo tempo, Cortez enviava para o estado de Michoacan destacamentos que foram até o Pacífico e visitaram na volta algumas das ricas províncias situadas no norte. Ele ia fundando colônias em todas as partes do país que lhe pareciam vantajosas, em Zacatula, à beira do Pacífico; em Coliman, no Michoacan; em Santesban, perto de Tampico; em Medelin, perto de Veracruz, etc.

Logo depois da pacificação do país, Cortez confiava a Cristóvão de Olid um armamento considerável, a fim de fundar uma colônia em Honduras. Ao mesmo tempo, Olid devia explorar a costa meridional dessa província e procurar um estreito que ligasse o Atlântico ao Pacífico. Mas o cargo de comandante subiu à cabeça de Olid e ele, mal chegara a seu destino, declarou-se independente. Cortez enviou mais que depressa um de seus parentes para prender o rebelde, e partiu depois acompanhado de Guatimozin à frente de cem cavaleiros e cinqüenta soldados de infantaria, em 12 de outubro de 1524. Depois de ter atravessado a província de Goatzacoalco, Tabasco e Yucatán, em meio a sofrimentos de todo tipo, operando uma marcha das mais difíceis em terrenos pantanosos ou movediços, vencendo um mar de florestas ondulantes, o destacamento se aproximava da província de Aculan, quando foi revelada a Cortez uma conspiração urdida, diz-se, por Guatimozin e os principais chefes indígenas. Ela tinha como objetivo massacrar na primeira oportunidade chefes e soldados, depois avançariam sobre Honduras, destruiriam os entrepostos e voltariam ao México, onde, com uma sublevação geral, não ia ser difícil vencer os invasores. Por mais que Guatimozin protestasse sua inocência, e nada leva a descrer de sua palavra, foi enforcado, assim como vários nobres astecas, nos galhos de uma *ceyba* da estrada. "A execução de Guatimozin, diz Bernal Dias del Castillo, foi muito injusta, e todos nós protestamos." Mas, "se Cortez tivesse consultado, segundo Prescott, algo mais que sua honra e seus interesses, não o teria matado, pois ele era o troféu vivo de sua vitória, a conservar, como se guarda o ouro sob as vestes".

Enfim, os espanhóis alcançaram Aculan, cidade florescente, onde se refizeram em excelentes quartéis, e retomaram a direção do lago de Peten, cujas populações se converteram facilmente ao cristianismo. Não nos deteremos nos sofrimentos e nas misérias que assolaram as expedições nas regiões pouco povoadas, até San Gil de Buena-Vista no Golfo Dolce, onde Cortez, depois de ter conhecimento da execução de Olid e do restabelecimento da autoridade central, embarcou de volta ao México.

Na mesma época, ele confiava a Alvarado o comando de trezentos soldados de infantaria, 160 cavaleiros e quatro canhões, com um corpo de índios auxiliares. Alvarado seguiu em direção ao sul do México para conquistar a Guatemala. Reduziu as províncias de Zacatulan, Tehuantepec, Soconusco, Utlatlan, fundou a cidade da Guatemala, a velha, e foi nomeado por Carlos V, durante uma viagem que fizera depois à Espanha, governador dos países que conquistara.

Menos de três anos depois da conquista, um território de mais de quatrocentas léguas de comprimento sobre o Atlântico e de quinhentas sobre o Pacífico estava sob o domínio da coroa de Castela e gozava, com poucas exceções, de uma perfeita tranqüilidade.

De volta ao México depois da inútil expedição de Honduras que consumira quase tanto tempo e causado tantos sofrimentos aos espanhóis quanto a conquista do México, Cortez recebeu, poucos dias depois, a notícia de sua substituição provisória e o convite para ir à Espanha para se defender. Ele não se apressou em atender a essa ordem, esperando que ela fosse revogada; mas seus caluniadores incansáveis, seus inimigos figadais, tanto na Espanha quanto no México, o atacaram tanto que ele se viu obrigado a ir apresentar sua defesa, expor suas queixas e reclamar publicamente a aprovação de sua conduta.

Cortez partiu então acompanhado de seu amigo Sandoval, de Tapia e de vários chefes astecas, entre os quais estava um filho de Montezuma. Desembarcou em Palos, em maio de 1528, no mesmo lugar onde aportara 35 anos antes Cristóvão Colombo, e foi acolhido com o mesmo entusiasmo e a mesma efusão do descobridor da América. Encontrou-se com Pizarro, ainda no início de sua carreira e que estava indo solicitar o apoio do governo espanhol. Depois, partiu para Toledo, onde estava a corte. Só o anúncio de sua chegada bastara para mudar a opinião pública. Seus projetos de revolta e de independência se viam agora desmentidos com sua chegada inopinada. Carlos V compreendeu logo que o sentimento do povo se poria contra ele se punisse um homem que tinha acrescentado à coroa de Castela seu mais belo florão. A viagem de Cortez foi um triunfo contínuo em meio a uma participação nunca vista da população. "As casas e as ruas das grandes cidades e aldeias, conta Prescott, estavam repletas de espectadores impacientes para ver o herói que solitariamente acabava de conquistar um império para a Espanha, e que, usando a linguagem de um velho historiador, caminhava com a pompa e a glória, não de um grande vassalo, mas de um monarca independente."

Depois de tê-lo recebido em várias audiências e de cobri-lo com deferências que os cortesãos consideravam importantes, Carlos V resolveu aceitar o império que Cortez tinha conquistado e os presentes magníficos que ele lhe trazia. Mas achou que bastava lhe conceder o título de marquês de Oaxaca e o cargo de capitão-mor da Nova Espanha como recompensa, sem precisar lhe restituir o governo civil, poder que lhe fora atribuído antes pela junta de Veracruz. Depois, Cortez, tendo se casado com a sobrinha do duque de Bejar, de uma das primeiras famílias de Castela, acompanhou o imperador, que estava de viagem à Itália, até o porto; mas, logo cansado dessa vida frívola, sem muito a ver com as atividades de sua existência passada, retomou, em 1530, o caminho do México, onde desembarcou em Vila Rica.

Cortez enfrentou logo de início alguns dissabores por parte da Audiência que exercera o poder durante sua ausência e que começava a persegui-lo, e ele se viu então em conflito com a nova junta civil a respeito de assuntos militares. Desgostoso, o marquês della Valle se retirou para suas vastas propriedades de Cuernavaca, onde passou a se ocupar com a agricultura. A ele se deve a introdução da cana-de-açúcar, da amoreira, do incentivo à cultura do cânhamo e do linho, e à criação disseminada de merinos.

Mas essa vida tranqüila, longe das aventuras, não estava de acordo com o espírito empreendedor de Cortez. Em 1532 e 1533, ele equipou duas esquadras que iriam fazer no NO do Pacífico uma viagem de descobertas. A última chegou à extremidade meridional da península californiana sem ter alcançado um resultado que ele se vangloriava de ter conseguido: a descoberta de um estreito que unia o Pacífico ao Atlântico. O mesmo insucesso lhe ocorreu em 1536 no golfo da Califórnia. Enfim, três anos depois, uma última expedição, cujo comando ele confiou a Ulloa, alcançou o interior do golfo, depois, percorrendo a costa exterior da península, subiu até a latitude 29. Daí o comandante enviou a Cortez um de seus navios, e depois tomou a direção norte; daí em diante não se teve mais notícia dele.

Foi esse o fim infeliz das expedições de Cortez, que, sem lhe darem um ducado de volta, não lhe saíram por menos de trezentos mil *castellanos* de ouro. No entanto, elas tiveram como resultado tornar conhecida a costa do Pacífico desde a baía de Panamá até o Colorado. Deu a volta pela quase-ilha da Califórnia e assim se conseguiu saber que essa falsa ilha fazia parte do continente. O interior do golfo da Califórnia ou mar de Cortez, como os espanhóis o chamaram com precisão, foi cuidadosamente explorado, e se soube que em vez de ter a saída que se pensava ao norte, esse mar não passava de um golfo profundamente cavado no continente.

Essas expedições de descobertas Cortez não pudera armá-las sem entrar em conflito com o vice-rei, don Antonio de Mendonza, que o imperador tinha enviado ao México, uma nomeação que feria o marquês della Valle. Cansado dos aborrecimentos contínuos, indignado por ver seus poderes de capitão-mor, se não totalmente ignorados, mas quase sempre questionados, Cortez partiu mais uma vez para a Espanha. Mas essa viagem não iria ser nada semelhante à primeira. Agora já velho, desgostoso, traído pelo destino, o conquistador não tinha mais nada a esperar do governo. Não iria demorar a saber disso. Um dia ele furou a multidão que cercava a passagem do imperador e se pendurou no estribo da portinhola de sua carruagem. Carlos V, fingindo não reconhecê-lo, perguntou quem era aquele homem. "É, respondeu Cortez altivamente, aquele que lhe deu mais estados que o número de cidades que seus pais lhe deixaram." Depois, o interesse público se desviou do México, que não dera o que haviam esperado, e todos os espíritos se voltaram para as riquezas maravilhosas do Peru. Recebido, entretanto, com honras pelo conselho supremo das Índias, Cortez expôs suas mágoas; mas os debates se eternizaram, e ele não conseguiu nenhuma resposta. Em 1541, quando da desastrosa expedição de Carlos V contra Argel, Cortez, cujos conselhos não tinham sido escutados e que servia como voluntário, perdeu três esmeraldas esculpidas de um tamanho excepcional, jóias que teriam pago o resgate de um império. Ao retornar, ele voltou a fazer seus pedidos também sem muito sucesso. Sentiu uma tal tristeza com essa injustiça e com essas decepções contínuas, que sua saúde ficou gravemente abalada. Morreu longe do teatro de seus feitos, em 10 de novembro de 1547, em Castilleja de la Cuesta, no momento em que se dispunha a voltar para a América.

"Era um cavaleiro errante, diz Prescott. Com toda essa gloriosa tropa de aventureiros que a Espanha do século XVI lançou na trilha das descobertas e das conquistas, não houve nenhum que tivesse o espírito mais profundamente imbuído de aventuras romancescas que Ferdinando Cortez. Ele amava a luta, amava fazer uma conquista pelo lado mais difícil..."

Essa paixão pelo romanesco poderia ter reduzido o conquistador do México ao papel vulgar de um aventureiro; mas Cortez foi certamente um grande político e um grande capitão, se se pode dar esse título ao homem que realizou grandes ações graças unicamente ao seu gênio. Não há exemplo na história de que uma empresa tão grande tenha sido realizada com tão poucos recursos. Podemos dizer mesmo que Cortez conquistou o México com seus próprios recursos.

Sua influência sobre o espírito dos soldados era o resultado natural da confiança que ele tinha em sua habilidade, mas se pode atribuí-la também ao seu jeito popular de ser, que o tornava eminentemente apto a conduzir um bando de aventureiros. Quando alcançou uma posição mais elevada, mesmo gozando de mais poder e pompa, seus antigos companheiros não perderam a intimidade que tinham com ele. Concluindo este retrato do conquistador, fazemos nossas as palavras do honesto e verdadeiro Bernal Diaz: "Ele gostava mais de seu nome Cortez do que de qualquer outro título que lhe dessem, e tinha boas razões para isso, pois o nome de Cortez é tão famoso em nossos dias quanto o de César entre os romanos ou de Aníbal entre os cartagineses". O velho cronista termina com um traço que pinta perfeitamente o espírito religioso do século XVI: "Talvez ele merecesse receber sua recompensa num outro mundo melhor, e eu o creio plenamente; pois era um homem honesto, muito sincero em suas devoções à Virgem, ao apóstolo São Pedro e a todos os santos".

III

A Tríplice Aliança. – Francisco Pizarro e seus irmãos. – Don Diego de Almagro. – Primeiras tentativas. – O Peru, sua extensão, seus habitantes, seus reis. – Prisão de Atahualpa, seu resgate e sua morte. – Pedro de Alvarado. – Almagro no Chile. – Luta entre os conquistadores. – Processo e execução de Almagro. – Expedições de Gonçalo Pizarro e de Orellana. – Assassinato de Francisco Pizarro. – Revolta e execução de seu irmão Gonçalo.

Mal as informações obtidas por Balboa sobre a riqueza dos países situados ao sul do Panamá se tornaram conhecidas dos espanhóis, várias expedições foram organizadas para tentar a conquista. Mas todas fracassaram, seja porque seus comandantes não estavam à altura da missão, seja porque os meios fossem insuficientes. É preciso reconhecer também que as localidades exploradas por esses primeiros aventureiros – esses pioneiros, como diríamos hoje – não correspondiam de forma alguma ao que a cupidez espanhola tinha em mente. Na verdade, todos tinham se aventurado no que se chamava então Terra-Firme, lugar eminentemente pantanoso, insalubre, montanhoso, coberto de florestas, cujos poucos habitantes, muito belicosos, eram mais um obstáculo ao lado daqueles que a natureza fora pródiga em criar. De modo que, pouco a pouco, o entusiasmo foi arrefecendo e não se falava mais das maravilhosas narrativas de Balboa senão como brincadeira.

No entanto, existia no Panamá um homem que levou a sério os boatos sobre a riqueza dos países banhados pelo Pacífico; era Francisco Pizarro, que tinha acompanhado Nuñez de Balboa ao mar do sul, e que se associou a outros dois aventureiros, Diego de Almagro e Fernando de Luque.

Digamos inicialmente algumas palavras sobre os comandantes da empresa. Francisco Pizarro, nasceu perto de Trujillo entre 1471 e 1478, filho natural de um certo capitão Gonzalo Pizarro, que só lhe ensinara a cuidar de porcos. Logo cansado desse tipo de vida e aproveitando a fuga de um porco que lhe tinha sido confiado, não voltou para casa, onde era sempre castigado por qualquer errinho cometido. Pizarro foi ser soldado, passou alguns anos a guerrear na Itália e acompanhou Cristóvão Colombo em 1510 até a Espanhola. Aí prestou serviço com distinção e também em Cuba, acompanhou Hojeda ao Darién, descobriu, como já o dissemos, o oceano Pacífico com Balboa, e, depois da execução deste último, ajudou Pedrarias Davila, de quem se tornara o favorito, a conquistar todo o país denominado Castela d'Ouro.

Se Pizarro era um filho natural, Diego de Almagro era um menino achado, recolhido em 1475 em Aldea del Rey, dizem uns, em Almagro, donde seu nome, dizem outros. Criado entre os soldados, logo foi para a América, onde conseguira fazer uma pequena fortuna. Quanto a Fernando de Luque, era um

Francisco Pizarro

rico padre de Tabago, que exercia as funções de mestre-escola no Panamá.

O mais jovem desses três aventureiros tinha então mais de cinqüenta anos, e Garcilasso de la Vega conta que, quando souberam de seus projetos, o riso foi geral; mas era sobretudo de Fernando de Luque que zombavam, de modo que só o chamavam de *Hernando el Loco*, Fernando, o louco.

A sociedade foi logo concluída entre esses três homens, dois dos quais pelo menos eram destemidos, quando não os três. Luque deu o dinheiro necessário para armar os navios e pagar aos soldados; Almagro também entrou com dinheiro; mas Pizarro, que só tinha sua espada, deu sua contribuição de outra maneira. Foi ele que assumiu o comando da primeira tentativa que vamos contar com alguns detalhes, porque nela aparecem claramente a perseverança e a inflexível obstinação do conquistador.

"Tendo pedido e conseguido a permissão de Pedro Arias d'Avila, conta Agostinho de Zarata, um dos historiadores da conquista do Peru, Francisco Pizarro equipou com bastante dificuldade um navio no qual embarcou com 114 homens. Descobriu a cinqüenta léguas do Panamá uma pequena e pobre província chamada Peru, o que levou depois a dar esse nome impropriamente a todo o território descoberto ao longo dessa costa, num espaço de mil e duzentas léguas de extensão. Indo além, ele descobriu um outro lugar que os espanhóis chamaram de *Povo Queimado*. Os índios mataram tantos dos companheiros de Pizarro que ele foi forçado a fugir desordenadamente para Chinchama, que não é distante do lugar de onde ele tinha partido. No entanto, Almagro, que tinha ficado no Panamá, equipou um navio, no qual embarcou com setenta espanhóis e desceu a costa até o rio San Juan, a cem léguas do Panamá. Como não encontrou Pizarro, subiu até o *Povo Queimado*, onde, após reconhecer alguns sinais de que ele tinha estado ali, desembarcou sua tropa. Mas os índios, cheios da vitória que haviam obtido sobre Pizarro, resistiram bravamente, forçaram-no a se defender e obrigaram-no a reembarcar. Ele retornou seguindo sempre a costa até que chegou a Chinchama, onde encontrou Pizarro. O encontro os deixou felizes, e, juntando suas tropas e mais alguns novos soldados que arrebanharam, viram-se seguidos de duzentos espanhóis e voltaram a descer a costa uma vez mais. Mas a falta de víveres foi tão grande e os ataques dos índios tão fortes que don Diego voltou ao Panamá para recrutar mais soldados e se abastecer. Conseguiu oitenta homens que se juntaram aos que ele já tinha e foram até um lugar chamado Catamez, que tinha uma população razoável e onde encontraram víveres em abundância. Eles observaram que os índios dali, que os atacavam e lhes faziam a guerra, perfuravam o rosto voluntariamente, onde enfiavam pregos de ouro como enfeites. Diego de Almagro voltou uma vez mais ao Panamá enquanto seu companheiro o esperava com reforços que ele deveria levar até a pequena ilha do Galo, onde sofreu muito com a falta de alimentos, um lugar onde havia todas as coisas necessárias à vida."

Ao chegar ao Panamá, Almagro não conseguiu que Los Rios, sucessor de Ávila, fizesse novos recrutamentos, pois não ia permitir, dizia ele, que um maior número de pessoas fosse morrer inutilmente numa empresa temerária; ele chegou a enviar à ilha do Galo um navio para trazer de volta Pizarro e seus companheiros. Mas uma tal decisão não podia agradar a Almagro e a de Luque. Era jogar dinheiro fora; era acabar com as esperanças despertadas neles pelos enfeites de ouro e prata dos habitantes de Catamez. Eles enviaram com urgência um homem de confiança a Pizarro dizendo que ele ficasse firme em sua decisão e não obedecesse às ordens do governador do Panamá. Mas, por mais sedutoras que fossem as promessas de Pizarro, seus companheiros o abandonaram, à exceção de doze, pois ainda estavam bem frescos na memória os sofrimentos por que tinham passado.

Com esses homens intrépidos, cujos nomes conhecemos e entre os quais estava Garcia de Xerez, um dos historiadores da expedição, Pizarro foi para uma ilha menos próxima da costa e não habitada, à qual deu o nome de Górgona.

Lá, os espanhóis viveram miseravelmente, comendo frutas, peixes e mariscos e esperaram cinco meses pelo socorro que Almagro e de Luque deviam enviar.

Enfim, vencido pelos protestos unânimes de toda a colônia, que se indignava ao ver perecer assim miseravelmente e como malfeitores pessoas cujo único crime era não ter perdido a esperança de vencer, Los Rios enviou a Pizarro um pequeno navio encarregado de trazê-lo de volta. A fim de que este não tivesse a tentação de usar o navio para retomar sua expedição, cuidaram para que nele não fosse um só soldado. Ao verem o socorro que lhes chegava, esquecidos de todas as privações, os treze aventureiros só pensaram em converter a suas esperanças os marinheiros que vinham buscá-los. Então, todos juntos, em vez de retomar a rota do Panamá, zarparam contra ventos e correntes para sudeste, até que chegaram, depois de ter descoberto a ilha de Santa Clara, ao porto de Tumbez, situado abaixo do grau 3 de latitude sul, onde viram um templo magnífico e um palácio que pertencia aos soberanos do país, os incas.

A região era povoada e bastante bem cultivada; mas o que seduziu sobretudo os espanhóis, e o que os fez acreditar que tinham chegado ao país maravilhoso de que tinham ouvido tanto falar, era a abundância de ouro e prata, metais que eram usados não só nas roupas e enfeites dos habitantes, mas também em vasos e utensílios comuns.

Pizarro enviou Pietro de Candia e Alonso de Molina ao interior do país para fazer o reconhecimento, e eles, na volta, fizeram uma descrição entusiasmada. Pizarro conseguiu que lhe trouxessem alguns vasos de ouro bem como lhamas, quadrúpedes domesticados pelos peruanos. Conseguiu também dois naturais aos quais pretendia ensinar o espanhol a fim de utilizá-los como intérpretes quando fosse para o interior do país.

Depois ancorou sucessivamente em Payta, em Saugarata e na baía de Santa Cruz, cuja rainha, Capillana, acolheu esses estrangeiros com tantas demonstrações de amizade que vários deles não quiseram mais reembarcar. Depois de ter descido a costa até Porto Santo, Pizarro retomou a rota do Panamá, onde chegou depois de três anos inteiros passados em explorações perigosas que tinham arruinado completamente de Luque e Almagro.

Antes de empreender a conquista da terra que tinha descoberto e não conseguindo obter de Los Rios a permissão de engajar novos aventureiros, Pizarro resolveu se dirigir a Carlos V. Ele tomou emprestado o dinheiro necessário para a viagem e foi à Espanha em 1528 para prestar contas ao imperador do que tinha feito. Pintou o quadro mais sedutor dos países a conquistar e obteve como recompensa de seus trabalhos os títulos de governador, capitão-geral e de *alguazil major* do Peru, título que lhe seria perpétuo e que passaria a seus descendentes. Ao mesmo tempo, a nobreza lhe era conferida com mil escudos de pensão. Sua jurisdição, independente do governador do Panamá, iria se estender num espaço de duzentas léguas ao sul do rio Santiago, ao longo da costa, que levaria o nome de Nova Castela e cujo governo lhe pertenceria, concessões que não custavam nada à Espanha, pois sua conquista dependia dele. De sua parte, ele se comprometeu a recrutar 250 homens, conseguir navios, armas e munições. Pizarro foi depois a Trujillo, onde intimou seus irmãos Fernando,

Juan e Gonzalo a segui-lo, e também um meio-irmão chamado Martin d'Alcantara. Aproveitou a estada na cidade natal, em Cáceres e em toda a Estremadura, para recrutar homens, que, no entanto, não acorreram em grande número, apesar do título de *Caballeros de la Espada dorada*, que ele prometeu a quem servisse sob suas ordens. Depois ele voltou ao Panamá, onde as coisas não se passaram tão facilmente quanto ele esperava. Conseguira nomear de Luque como bispo *protector de los Índios;* mas, para Almagro, cuja ambição o deixava temeroso e cujo talento conhecia, ele pedira apenas o título de nobre e uma gratificação de quinhentos ducados mais o governo de uma fortaleza a ser edificada em Tumbez. Almagro, que tinha gasto tudo o que possuía nas primeiras viagens, pouco satisfeito com o pouco que lhe coubera, recusou-se a participar da nova expedição, e quis organizar uma por conta própria. Pizarro teve de usar de muita habilidade e prometer-lhe o cargo de *adelantado* para acalmá-lo e conseguir que ele renovasse a antiga sociedade.

Os recursos dos três sócios eram tão limitados nessa ocasião que eles conseguiram juntar apenas três navios com 180 soldados, dos quais 136 cavaleiros, que partiram em fevereiro de 1531 sob o comando de Pizarro e de seus quatro irmãos, enquanto Almagro ficava no Panamá para organizar uma expedição de socorro. No fim de treze dias de navegação, depois de ter sido levado por um furacão cem léguas abaixo do que se propusera, Pizarro foi forçado a desembarcar seus subordinados e seus cavalos na baía de San Mateo e de seguir a costa. Essa marcha foi difícil, numa terra montanhosa, pouco povoada e cortada de rios que tinha de atravessar na embocadura. Enfim, chegaram a um lugar chamado Coaqui, onde fizeram um grande butim, o que obrigou Pizarro a mandar dois de seus navios de volta. Eles levavam ao Panamá e à Nicarágua uma soma de mais de trinta mil *castellanos*, e também um grande número de esmeraldas, rico butim que iria, segundo Pizarro, fazer muitos aventureiros se juntar a ele.

Depois, o conquistador continuou sua marcha para o sul até Porto Viejo, onde se encontrou com Sebastian Benalcazar e Juan Fernandez, que lhe trouxeram doze cavaleiros e trinta soldados de infantaria. O efeito dos cavalos e das detonações das armas de fogo no Peru foi o mesmo do México, e Pizarro pôde chegar até a ilha de Puna, no golfo de Guayaquil, sem encontrar resistência. Mas os insulares, em maior número e mais belicosos que seus irmãos de terra firme, resistiram valentemente durante seis meses a todos os ataques dos espanhóis. Apesar dos reforços que recebeu da Nicarágua, levados por Fernando de Soto, e de ter mandado decapitar o cacique Tonalla e dezesseis dos principais chefes, Pizarro não conseguiu vencer a resistência dos índios. Foi obrigado a voltar ao continente, onde as doenças locais atingiram tão cruelmente seus companheiros que ele teve de ficar três meses em Tumbez, exposto aos ataques contínuos dos selvagens. De Tumbez partiu pelo rio

Puira, descobriu o porto de Payta, o melhor de toda a costa, e fundou a colônia de San Miguel, na embocadura do Chilo, a fim de que os navios tivessem um porto seguro. Foi aí que ele recebeu alguns emissários de Huascar, que lhe mandou participar a revolta de seu irmão Atahualpa e lhe pedia socorro.

No momento em que os espanhóis desembarcaram para conquistá-lo, o Peru era uma faixa de terra de mil e quinhentas milhas de extensão ao longo do Pacífico e para dentro ia além da imponente cordilheira dos Andes. No início, a população se achava dividida em tribos selvagens e bárbaras, sem nenhuma idéia da civilização, vivendo continuamente em guerra umas contra as outras. Durante muitos séculos, as coisas permaneceram imutáveis, e nada fazia antever uma era melhor, quando, às margens do Titicaca, um homem e uma mulher, que se diziam filhos do sol, apareceram aos índios. Essas duas personagens, de porte majestoso, chamados Manco-Capac e Mama-Oello, pela metade do século XII, segundo Garcilaso de la Vega, reuniram um grande número de tribos errantes e lançaram as fundações de Cuzco. Manco-Capac ensinara aos homens a agricultura e as artes mecânicas, enquanto Mama-Oello ensinava às mulheres a arte de fiar e tecer. Quando essas primeiras necessidades comuns a qualquer sociedade foram satisfeitas, Manco-Capac deu as leis a seus súditos e constituiu um Estado político regular. Foi assim que se estabeleceu o domínio desses incas ou senhores do Peru. Seu império, inicialmente limitado aos arredores de Cuzco, na mão de seus sucessores não demorou a crescer e a se estender desde o trópico de Capricórnio até a ilha das Pérolas, numa extensão de trinta graus. O seu poder se tornara tão absoluto quanto o dos antigos soberanos da Ásia: "Talvez não tenha havido jamais, diz Zarate, um país no mundo em que a obediência e a submissão dos súditos tenham ido tão longe. Os incas eram para eles quasedivindades; bastava colocar um fio de seu turbante real nas mãos de alguém para que o respeitassem e lhe obedecessem por toda parte, pois ele era o representante do rei e, sozinho, sem ajuda de nenhum soldado, podia exterminar uma província inteira e matar homens e mulheres, porque só à vista daquele fio tirado da coroa real todos se ofereciam à morte voluntariamente e sem nenhum resistência".

Os velhos cronistas são unânimes em dizer que esse poder ilimitado foi sempre empregado pelos incas para a felicidade de seus súditos. De uma série de doze reis que se sucederam no trono do Peru, não houve um só que não tivesse deixado a lembrança de um príncipe justo e adorado pelo povo. Não seria inútil procurar no resto do mundo um lugar cujos anais contem um feito semelhante? Não é de lamentar que os espanhóis tenham levado a guerra e seus horrores, as doenças e os vícios de um outro clima e o que orgulhosamente chamavam de civilização a povos felizes e ricos, cujos descendentes empobrecidos, abastardados, não guardaram nem mesmo, para se consolar de sua irremediável decadência, a lembrança de sua antiga prosperidade?

"Os peruanos, diz Michelet em seu admirável *Précis d'histoire moderne*, transmitiam os principais feitos à posteridade por meio de nós dados em cordas. Eles tinham obeliscos, gnômons regulares para marcar os pontos dos equinócios e dos solstícios. Seu ano era de 365 dias. Tinham criado prodígios arquitetônicos de arquitetura e talhado estátuas com uma arte surpreendente. Era a nação mais vigiada e mais produtiva do Novo Mundo."

O inca Huayna-Capac tinha ampliado muito e embelezado esse império que foi destruído no reinado de seu filho Atahualpa. Ele conquistara toda a região de Quito, fizera, pela mão de seus soldados e dos povos vencidos, uma longa estrada de quinhentas léguas de Cuzco até Quito, aplainando montanhas e vencendo precipícios. A cada meia-légua ficava um homem que transmitia para o seguinte as ordens do monarca em todo o império.

Assim era a sua vigilância, e, só para ter uma noção de sua grandeza, basta dizer que o rei era levado em suas viagens num trono de ouro que pesava 25 mil ducados. A liteira de ouro, onde estava o trono, era carregada pelas personalidades mais importantes do Estado.

Quando os espanhóis apareceram pela primeira vez na costa em 1526, o décimo segundo inca acabava de se casar, a despeito da lei antiga do reino, com a filha do rei de Quito, que ele vencera, e tinha um filho, chamado Atahualpa, a quem deixou esse reino depois de morto, em 1529. Seu filho mais velho,

Huascar, cuja mãe era do sangue dos incas, ficou com o resto de seus Estados. Mas essa partilha, tão contrária aos costumes estabelecidos desde um tempo imemorial, criou em Cuzco um tal descontentamento que Huascar, incentivado por seus súditos, tomou coragem de marchar contra seu irmão, que não queria reconhecê-lo como seu mestre e senhor. Mas Atahualpa não queria largar tão facilmente o poder pelo qual tomara gosto. Conseguiu, distribuindo generosidades, a adesão da maior parte dos guerreiros que tinham acompanhado seu pai na conquista de Quito, e, quando os dois exércitos se enfrentaram, o destino favoreceu ao usurpador.

Não é curioso o fato de que, tanto no Peru quanto no México, os espanhóis tenham sido favorecidos por circunstâncias completamente excepcionais? No México, povos recentemente submetidos aos astecas, massacrados sem piedade pelos vencedores, os recebem como libertadores; no Peru, a luta acirrada dos dois irmãos inimigos impede os índios de carrear todas as suas forças contra os invasores que eles teriam esmagado facilmente!

Pizarro, ao receber os emissários de Huascar que vinham lhe pedir ajuda contra seu irmão Atahualpa, que ele dizia ser um rebelde e usurpador, logo viu como podia lucrar com a situação. Achou que, tomando a defesa de um dos dois oponentes, poderia mais facilmente oprimir tanto um quanto outro. Pizarro marchou de imediato para o interior do país, à frente de forças pouco consideráveis, 72 cavaleiros e 120 soldados de infantaria, em que apenas cerca de vinte deles carregavam mosquetes e morteiros, pois ele teve de deixar uma parte das tropas em San Miguel, onde pensava encontrar abrigo em caso de derrota e onde deviam, em todo caso, desembarcar os recursos que lhe poderiam enviar.

Pizarro se dirigiu para Caxamalca, pequena cidade situada a cerca de vinte dias de caminhada da costa. Teve, por isso, de atravessar um deserto de areias ardentes, sem água, sem árvores, que se estendia por vinte léguas até a província de Motupé, e onde o menor ataque do inimigo, aliado aos sofrimentos do pequeno exército, poderia de um só lance aniquilar a expedição. Depois se embrenhou pelas montanhas e enveredou por desfiladores estreitos onde qualquer força poderia esmagá-lo. Durante essa marcha ele recebeu um enviado de Atahualpa que lhe levou calçados pintados e punhos de ouro, que ele teria de usar quando do próximo encontro com o inca. Naturalmente, Pizarro foi pródigo de promessas de amizade e de afeição. Declarou ao embaixador indígena que iria seguir fielmente as ordens do rei seu senhor, respeitando a vida e os bens dos habitantes. Desde sua chegada a Caxamalca, Pizarro alojou prudentemente suas tropas num templo e num palácio do inca, para evitar qualquer surpresa. Depois enviou um de seus irmãos com de Soto e uma vintena de cavaleiros ao campo de Atahualpa, que distava apenas de uma légua, para participar sua chegada. Os enviados do governador, recebidos com pompa, ficaram maravilhados com a profusão de enfeites, com os vasos de ouro e prata espalhados por toda parte. Voltaram com a promessa de que Atahualpa viria no dia seguinte fazer uma visita a Pizarro e lhe dar as boas-vindas ao seu reino. Ao mesmo tempo, eles falaram das riquezas inauditas que tinham visto, o que reforçou em Pizarro o projeto de se apoderar traiçoeiramente do infeliz Atahualpa e de seus tesouros.

Vários autores espanhóis, e Zarate especialmente, mascaram os fatos que lhes pareceram sem dúvida odiosos demais e rejeitam a traição contra Atahualpa. Mas hoje há vários documentos sobre o assunto, e não é preciso recorrer obrigatoriamente a Robertson e Prescott para se saber da perfídia de Pizarro. Era muito importante para ele ter o inca sob seu domínio e usá-lo como instrumento, assim como Cortez fizera com Montezuma. Ele aproveitou-se então da simplicidade e da honestidade de Atahualpa, que havia dado grande crédito a seus protestos de amizade e não alimentava nenhuma suspeita, para organizar uma armadilha na qual este último iria cair com certeza. Quanto a isso, nenhum escrúpulo na alma desleal do conquistador, agiu com o mesmo sangue-frio que usaria se fosse enfrentar inimigos prevenidos, mas essa infame traição deixará uma mancha vergonhosa em sua biografia.

Pizarro dividiu então sua cavalaria em três pequenos esquadrões, juntou num só bloco sua infantaria, escondeu seus mosqueteiros no caminho que o inca iria percorrer e manteve a seu lado uma vintena de seus companheiros mais determinados.

Atahualpa, querendo dar aos estrangeiros uma idéia grandiosa de seu poder, avançava com todo o seu exército. Ele mesmo era levado numa espécie de liteira decorada com plumas, recoberta de placas de ouro e de prata, ornada de pedras preciosas. Cercado por saltimbancos e dançarinos, estava acompanhado de seus principais senhores, levados como ele nos ombros de seus escravos. Parecia mais uma procissão que a marcha de um exército.

Assim que o inca chegou perto do quartel dos espanhóis, segundo Robertson, o padre Vicente Valverde, capelão militar, que mais tarde recebeu o título de bispo como recompensa por sua conduta, avançou com o crucifixo na mão e o breviário na outra. Num interminável discurso, ele expôs ao monarca a doutrina da criação, a queda do primeiro homem, a encarnação, a paixão, a ressurreição de Jesus Cristo, a escolha que Deus fizera de São Pedro para ser seu representante na Terra, o poder deste transmitido aos papas e a doação feita ao rei de Castela pelo papa Alexandre de todas as regiões do Novo Mundo. Depois de expor toda essa doutrina, ele intimou Atahualpa a abraçar a religião cristã, a reconhecer a autoridade suprema do papa e a se submeter ao rei de Castela, seu soberano legítimo. Se ele se submetesse imediatamente, Valverde prometia-lhe que o rei, seu senhor, colocaria o Peru sob sua proteção e lhe permitiria continuar reinando; mas declarava-lhe a guerra e o ameaçava com uma terrível vingança se ele se recusasse a obedecer e perseverasse em sua impiedade.

Tratava-se, no mínimo, de uma singular encenação e de um estranho discurso, fazendo alusão a fatos desconhecidos dos peruanos e de cuja verdade mesmo um orador mais hábil que Valverde teria tido dificuldade de convencê-los. A isso acrescente-se que o intérprete conhecia tão pouco o espanhol que era quase impossível traduzir o que ele mesmo mal compreendia, e que a língua peruana não podia ter palavras para exprimir idéias que lhe eram tão estranhas. Daí não é de surpreender que, do discurso do monge espanhol, Atahualpa não tenha entendido quase nada. Há algumas frases, no entanto, que ameaçando seu poder, deixaram-no surpreso e indignado. Sua resposta não foi menos moderada. Ele disse que, senhor de seu reino por direito de sucessão, não compreendia que quisessem dispor dele sem seu consentimento; acrescentou que não estava nem um pouco disposto a renegar a religião dos pais para adotar uma da qual ouvia falar pela primeira vez; quanto aos outros pontos do discurso, ele não entendia nada, era para ele tudo novo, e ele gostaria de saber como Valverde aprendera tantas coisas maravilhosas. "Neste livro", respondeu Valverde, apresentando seu breviário. Atahualpa o pegou com sumo interesse, folheou-o com curiosidade e, aproximando-o do ouvido, disse: "O que você está me mostrando não me fala nem me diz nada!". A seguir jogou o livro no chão.

Foi o sinal para o combate, ou melhor, para o massacre. A artilharia entrou em ação, os cavaleiros avançaram, e a infantaria caiu sobre os peruanos com a espada em riste. Em alguns instantes, a desordem chegou ao auge. Os índios fugiram para todos os lados sem tentar se defender. Quanto a Atahualpa, embora seus oficiais se esforçassem, arrastando-o para protegê-lo, formando uma barreira com seus corpos, Pizarro caiu sobre ele, dispersou ou derrubou seus guardas, e, pegando-o pela longa cabeleira, jogou-o de sua liteira no chão. Só a noite pôde acabar com a carnificina. Quatro mil índios estavam mortos, um grande número de feridos e três mil prisioneiros. O que deixa bem claro que não houve combate é que, de todos os espanhóis, só Pizarro foi atingido, e assim mesmo por um de seus soldados que quis se apoderar precipitadamente do inca.

O butim conseguido dos mortos e no campo de batalha foi além do que os espanhóis haviam imaginado. Assim seu entusiasmo foi proporcional à conquista de tantas riquezas.

Inicialmente, Atahualpa suportou com bastante resignação seu cativeiro, ainda mais porque Pizarro fazia tudo para suavizá-lo, com palavras pelo menos. Mas, ao compreender qual era a cobiça desenfreada de seus carcereiros, ele propôs a Pizarro pagar um resgate e mandar encher, até onde a mão alcançasse, um quarto de 22 pés de comprimento por 16 de largura de vasos, utensílios e enfeites de ouro. Pizarro aceitou de imediato, e o inca prisioneiro enviou logo, a todas as províncias, as ordens necessárias, que foram executadas prontamente e sem questionamentos. Além disso, as tropas indígenas foram dispensadas, e Pizarro pôde enviar Soto e cinco espanhóis a Cuzco, cidade situada a mais de duzentas léguas de Caxamalca, enquanto ele mesmo dominava o país num círculo de duzentas léguas.

Enquanto isso, Almagro chegava com duzentos soldados. Separaram-se para ele e seus homens – com certa tristeza, é fácil imaginar – cem mil *pesos*; reservou-se o quinto do rei, e sobraram ainda 1.528.500 pesos para serem divididos entre Pizarro e seus companheiros. Esse produto da pilhagem e do massacre foi solenemente repartido entre os que a ele tinham direito, no dia de São Tiago, padroeiro da Espanha, depois de uma ardorosa invocação ao santo. Deplorável mistura de religião e profanação, infelizmente muito freqüente naqueles tempos de superstição e avareza!

Cada cavaleiro recebeu oito mil pesos e cada soldado de infantaria quatro mil, ou seja, algo como quarenta mil e vinte mil francos. Dava para satisfazer os mais descontentes, depois de uma campanha que não fora longa nem difícil. Assim, muitos daqueles aventureiros, querendo gozar em paz e em sua terra de uma fortuna inesperada, trataram logo de pedir baixa. Pizarro lhes concedeu sem problema, pois ele compreendia que o boato de sua rápida fortuna arregimentaria logo logo novos soldados. Com seu irmão Fernando, que iria à Espanha relatar ao rei a vitória de Pizarro e os presentes magníficos recebidos, partiram sessenta espanhóis carregados de prata e uma alma sem remorsos.

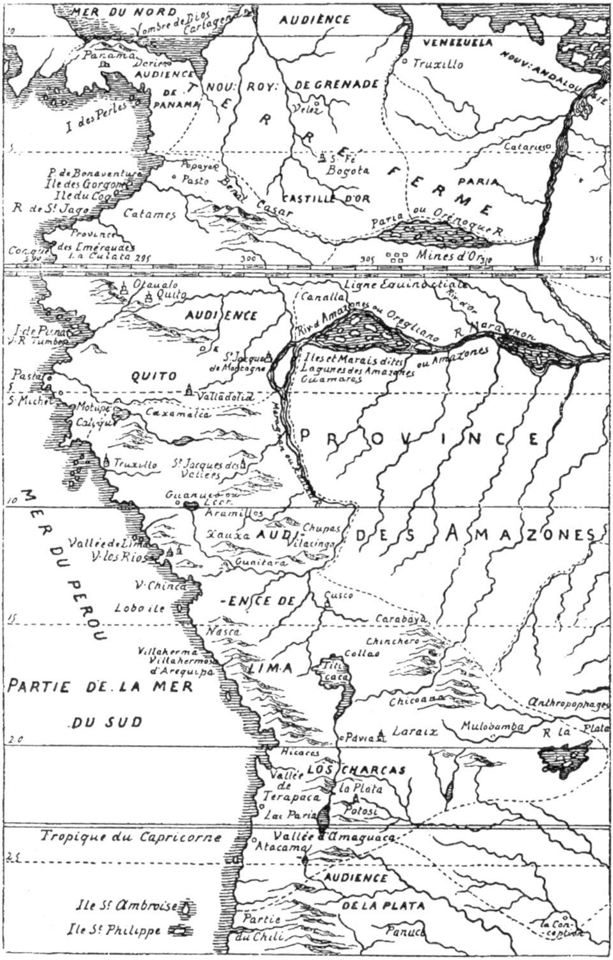
MER DU NORD
AUDIENCE
VENEZUELA
NOUV: ANDALOUSIE
AUDIENCE DE PANAMA
NOU: ROY: DE GRENADE
TERRE FERME
CASTILLE D'OR
Mines d'Or
AUDIENCE QUITO
PROVINCE DES AMAZONES
MER DU PEROU
AUDIENCE DE LIMA
PARTIE DE LA MER DU SUD
LOS CHARCAS
Tropique du Capricorne
AUDIENCE DE LA PLATA
Ile St Ambroise
Ile St Philippe

Mapa do Peru

Assim que pagou o resgate, Atahualpa reclamou sua liberdade. Pizarro, que só lhe tinha conservado a vida para angariar a autoridade e o prestígio que o imperador continuava tendo sobre seus súditos e ficar com todos os tesouros do Peru, logo ficou aturdido com as reclamações do prisioneiro. Ele achava que Atahualpa, desde algum tempo, vinha ordenando secretamente o levante das tropas nas províncias mais distantes do império. Além do mais, Atahualpa, tendo percebido que Pizarro não era mais instruído que o último de seus soldados, criara pelo governador um desprezo que infelizmente não soube esconder. Foram esses os motivos, bem fúteis para não dizer pior, que levaram Pizarro a instruir o processo contra o inca.

Nada mais odioso que esse processo em que Pizarro e Almagro foram ao mesmo tempo juízes e partes. As peças de acusação, umas são ridículas, outras tão absurdas que não sabemos, na verdade, se devemos nos admirar da desfaçatez ou da iniqüidade de Pizarro, que submetia àquelas instruções o chefe de um poderoso império sobre o qual não tinha nenhum poder. Atahualpa, declarado culpado, foi condenado à fogueira; mas como tinha terminado, para se livrar das obsessões de Valverde, por pedir o batismo, a pena foi rebaixada a estrangulamento. Digno complemento da execução de Guatimozin! Crime dos mais atrozes e dos mais odiosos cometido pelos espanhóis na América, onde foram capazes dos crimes mais hediondos.

Mas havia ainda nessa horda de aventureiros alguns homens que tinham conservado o sentimento da honra e da dignidade. Eles protestaram veementemente em nome da justiça indignamente vendida e conspurcada; mas suas vozes generosas foram abafadas pela palavra inflamada de Pizarro e de seus dignos acólitos.

O governador conferiu então a realeza a um dos filhos de Atahualpa, com o nome de Paulo Inca. Mas a guerra entre os dois irmãos e os acontecimentos que se tinham passado desde a chegada dos espanhóis tinham afrouxado consideravelmente os laços que havia entre os peruanos e seus reis, e esse rapaz, que iria logo morrer vergonhosamente, teve tanta autoridade quanto Manco-Capac, filho de Huascar, cujo poder foi reconhecido pelos habitantes de Cuzco. Logo, então, alguns dos chefes do país procuraram criar seus reinos dentro do império do Peru: assim o fez Ruminagui, chefe de Quito, que mandou massacrar o irmão e os filhos de Atahualpa, e se declarou independente.

A discórdia reinava no campo peruano. Os espanhóis resolveram aproveitar-se da situação. Pizarro marchou rapidamente sobre Cuzco, pois, se ele tinha demorado até então a fazer isso, foi porque não tinha as forças necessárias. Agora que uma multidão de aventureiros, atraídos pelos tesouros trazidos do Panamá, se lançavam avidamente em direção ao Peru, agora que ele podia reunir quinhentos homens, depois de ter deixado uma guarnição importante em San Miguel sob o comando de Benalcazar, Pizarro não tinha mais razões para esperar. Pelo caminho, deramse alguns combates pesados; mas eles terminaram, como sempre, com perdas muito sérias para os índios e insignificantes para os espanhóis. Quando eles entraram em Cuzco e se apossaram dessa cidade, ficaram espantados com o pouco ouro e as poucas pedras preciosas que encontraram, embora fossem bem mais que o resgate de Atahualpa. Seria porque eles já estavam familiarizados com as riquezas do país, ou porque agora eles eram muitos para reparti-las?

Durante esse tempo, Benalcazar, cansado de sua inação, aproveitava a chegada de um reforço, vindo da Nicarágua e do Panamá, para se dirigir a Quito, onde, segundo os peruanos, Atahualpa deixara a maior parte de seus tesouros. Ele se pôs à frente de oitenta cavaleiros e de 120 soldados de infantaria, venceu várias vezes Ruminagui, que lhe barrava o caminho, e, graças a sua prudência e a sua habilidade, pôde entrar vitorioso em Quito; mas não encontrou o que queria, isto é, os tesouros de Atahualpa.

Na mesma época, Pedro de Alvarado, que tinha se destacado sob o comando de Cortez e fora nomeado governador da Guatemala como recompensa por seus serviços, fingiu acreditar que a província de Quito não estava sob o comando de Pizarro e organizou uma grande expedição de quinhentos homens, dos quais mais de duzentos a cavalo. Ao desembarcar em Porto-Viejo, ele quis alcançar Quito, sem guia, subindo o Guyaquil e atravessando os Andes. Esse caminho foi um dos piores e mais díficeis que ele iria escolher. Antes de chegar à planície de Quito, depois de ter padecido terrivelmente de sede e fome, sem falar das cinzas ardentes do Chimborazo, vulcão próximo de Quito, e das neves que os assaltaram, um quinto dos aventureiros e a metade dos cavalos tinham morrido; o resto estava completamente exangue e sem força alguma para qualquer embate. Foi então, com a maior surpresa e ao mesmo tempo com uma grande preocupação, que os companheiros de Alvarado se viram repentinamente diante não de um batalhão de índios, mas de espanhóis sob as ordens de Almagro. Estes últimos estavam dispostos a investir contra eles, quando alguns oficiais mais moderados preferiram fazer um acordo pelo qual Alvarado devia deixar o campo livre depois de receber cem mil *pesos* por seus gastos com armamentos.

Enquanto tudo isso acontecia no Peru, Fernando Pizarro zarpava para a Espanha, onde a grande quantidade de ouro, prata e pedras preciosas que levava seria uma excelente razão para ser bem recebido. Ele conseguiu para seu irmão Francisco a confirmação de suas funções de governador com poderes mais amplos; ele mesmo foi nomeado cavaleiro da Ordem de Santiago; quanto a Almagro, foi confirmado em seu título de *adelantado*, e sua jurisdição foi acrescida de duzentas léguas, sem ser, no entanto, delimitada com exatidão, o que deixava uma porta aberta para as contestações e para as interpretações arbitrárias.

Fernando Pizarro ainda não tinha retornado ao Peru, e Almagro, tendo recebido a notícia de que a ele tinha sido confiado um governo especial, quis que Cuzco ficasse sob seu poder e se preparou para conquistá-la. Mas Juan e Gonzalo Pizarro não queriam entregá-la. A luta era quase iminente quando Francisco Pizarro, que freqüentemente é chamado de *o marquês* ou de *o grande marquês*, chegou à capital.

Almagro nunca conseguiu perdoar a ambigüidade que Pizarro demonstrou em suas negociações com Carlos V, nem a desenvoltura que ele usara à custa de seus dois sócios para conseguir mais autoridade e um poder mais amplo. Mas, como ele encontrou uma grande oposição a seus objetivos, como ele não era o mais forte, dissimulou seu descontentamento, engoliu o acordo e pareceu feliz com ele.

Reataram então sua sociedade, diz Zarata, com a condição de que don Diego de Almagro partisse em direção à costa sul do país, e que, se descobrisse um lugar que o satisfizesse, eles pediriam para ele o governo a Sua Majestade; mas, se ele não encontrasse nada de seu agrado, dividiriam entre si o governo de don Francisco. Esse acordo foi feito solenemente, e eles juraram diante da hóstia consagrada nada fazer um contra o outro no futuro. Alguns contam que Almagro jurou que nunca faria nada contra Cuzco nem contra o território que estivesse num raio de 130 léguas para além dessa cidade, mesmo se Sua Majestade lhe desse seu governo. Dizem que, dirigindo-se ao Santíssimo Sacramento, ele pronunciou estas palavras: "Senhor, se eu violar o juramento que estou fazendo, quero que punas meu corpo e minha alma".

Depois desse acordo solene que ia ser observado tão pouco fielmente quanto o primeiro, Almagro se preparou para partir. Graças a sua liberalidade tão conhecida quanto sua reputação de homem corajoso, reuniu 570 homens, tanto cavalaria quanto infantaria, com os quais tomou a direção do Chile. A viagem foi muito difícil, e os aventureiros tiveram particularmente de suportar os rigores do frio em sua caminhada pelos Andes; e ainda mais, tiveram de enfrentar povos belicosos, ainda não civilizados, e que os assaltaram com uma fúria jamais vista. Almagro não pôde construir nenhum entreposto, pois só tinha dois meses de viagem por aquela região, quando soube que os índios do Peru tinham se revoltado e massacrado a maior parte dos espanhóis. Teve, então, de voltar imediatamente.

Depois da assinatura do novo acordo entre os conquistadores (1534), Pizarro ficou com as províncias próximas ao mar, onde pôde fundar, já que não havia nenhuma resistência a temer, um governo regular. Para um homem que nunca havia estudado leis, ele promulgara regras sensatas sobre administração da Justiça, sobre a coleta de impostos, a divisão dos índios e o trabalho nas minas. Se o conquistador tinha algo a ser condenado em seu caráter, é justo reconhecer que ele tinha algumas idéias elevadas e consciência do papel que desempenhava como fundador de um grande império. Foi isso mesmo que o fez hesitar quanto à escolha da futura capital das possessões espanholas. Cuzco tinha a seu favor ter sido a residência dos chefes incas; mas essa cidade, situada mais de quatrocentas milhas do mar, achava-se muito longe de Quito, cuja importância parecia muito grande a

Pizarro. Ele foi logo tocado pela beleza e pela fertilidade de um grande vale banhado pelo Rimac. Foi aí que ele estabeleceu em 1536 a sede do poder. Logo, graças ao magnífico palácio que mandou construir, às suntuosas casas de seus principais oficiais, a cidade dos reis (*de los Reyes*) ou Lima, como é chamada, uma corruptela do nome do rio que corre a seus pés, não demorou a adquirir ares de uma grande cidade. Enquanto esses cuidados retinham Pizarro longe de sua capital, pequenas tropas, enviadas em várias direções, embrenhavam-se nas províncias mais distantes do império a fim de derrotar os últimos focos de resistência, de tal maneira que a Cuzco só restava mesmo uma pequena quantidade de tropas. O inca, que tinha ficado nas mãos dos espanhóis, achou o momento oportuno para fomentar um levante geral, com o qual tinha muita esperança de fazer cair o domínio estrangeiro. Embora fosse vigiado cerradamente, ele soube tomar suas medidas com tal habilidade que não despertou as suspeitas dos opressores. Ele recebeu até permissão para assistir a uma grande festa que iria se celebrar a algumas léguas de Cuzco e para a qual as personalidades mais importantes do império tinham-se reunido. Logo que o inca apareceu, a bandeira da revolta foi erguida. Dos confins da província de Quito até o Chile, o país se levantou, e vários destacamentos pequenos foram surpreendidos e aniquilados. Cuzco, defendida pelos três irmãos Pizarro com apenas 160 espanhóis, foi durante oito meses consecutivos alvo dos ataques incessantes dos peruanos, que tinham aprendido a manejar as armas roubadas dos adversários. Os conquistadores resistiram bravamente, mas sofreram perdas sensíveis, sobretudo a de Juan Pizarro. Quando soube das notícias, Almagro deixou o Chile às pressas, atravessou o deserto acidentado, pedregoso e arenoso de Atacama, onde sofreu tão intensamente com o calor e com a sede quando já houvera sofrido antes com a neve e o frio, entrou no território peruano, desafiou Manco-Capac numa grande batalha e chegou até perto de Cuzco, depois de ter expulsado os índios. Tentou então se apoderar da cidade sob o pretexto de que ela não fazia parte dos domínios de Pizarro, e, violando uma trégua durante a qual os partidários do marquês descansavam um pouco, entrou em Cuzco, fez Fernando e Gonzalo Pizarro seus reféns e se fez reconhecer como governador.

Durante esse tempo, uma quantidade considerável de índios atacava Lima, barrava qualquer comunicação e aniquilava as pequenas tropas que Pizarro enviava em socorro a Cuzco uma atrás da outra. Nessa mesma ocasião, ele estava enviando todos os seus navios ao Panamá para forçar seus companheiros a fazer uma resistência desesperada; ele convocava de Trujillo as forças sob as ordens de Alonzo d'Alvarado e confiava a este uma coluna de quinhentos homens, que chegou a algumas léguas da capital sem suspeitar nada de que ela estivesse nas mãos de compatriotas perfeitamente decididos a lhe barrar o caminho. Mas o desejo de Almagro era antes atrair para si os novos adversários que destruí-los; organizou-se então para surpreendê-los e os fez prisioneiros. Tinha então nas mãos uma bela ocasião para terminar a guerra e, de um só lance, se tornar chefe dos dois governos. Foi o que lhe disseram vários de seus oficiais, e principalmente Orgoños, que queriam que ele mandasse matar os dois irmãos de Pizarro, e que marchasse com suas forças vitoriosas sobre Lima, onde o conquistador, surpreendido, não poderia lhe resistir. Mas os que Júpiter marca, disse um poeta latino, ele os enlouquece. Almagro, que em tantas outras circunstâncias abrira mão de qualquer escrúpulo, não quis cometer o erro de invadir o território de Pizarro como um rebelde e retomou tranqüilamente o caminho de Cuzco.

Se analisarmos Almagro do ponto de vista exclusivo de seus interesses, ele estava cometendo um grande erro do qual não iria demorar a se arrepender. Mas, se tivermos em mente, o que nunca se devia perder de vista, o interesse da pátria, constituíam um crime capital esses atos de agressão que ele já havia cometido e a guerra civil que estava provocando diante de um inimigo pronto para dela tirar proveito. Seus adversários iriam em breve lembrar-lhe isso.

Se Almagro precisava de uma decisão rápida para dominar a situação, Pizarro tinha tudo para não se precipitar. Esperando os reforços que lhe prometiam do Darién, ele negociou com seu adversário durante vários meses, e durante essas negociações um de seus irmãos e também Alvarado conseguiram se evadir com mais de setenta homens. Embora tivesse sido enganado várias vezes, Almagro aceitou receber o emissário Espinosa, encarregado de lhe dizer que, se o imperador soubesse o que estava acontecendo entre os dois competidores e o estado ao qual seus desentendimentos reduziam as coisas, sem dúvida os convocaria a ambos e os substituiria. Enfim, depois da morte de Espinosa, o padre Francisco de Bovadilla, a quem Pizarro e Almagro incumbiram de resolver a contenda, decidiu que Fernando Pizarro seria logo posto em liberdade, que Cuzco seria entregue ao marquês, e que vários oficiais dos dois partidos seriam enviados à Espanha, encarregados de fazer valer os direitos recíprocos dos competidores e deixar a decisão a cargo do imperador.

Mal o último de seus irmãos foi libertado e Pizarro, rejeitando qualquer idéia de paz e de acordo amigável, declarou que as armas sozinhas decidiriam de quem seria o Peru. Reuniu em pouco tempo setecentos homens, cujo comando confiou a seus dois irmãos. Diante da impossibilidade de atravessar as montanhas para alcançar Cuzco por uma via direta, eles seguiram pela orla marítima até Nasca e pegaram um atalho nos Andes, que em pouco tempo lhes permitiria chegar à capital.

Almagro teria de defender os desfiladeiros das montanhas, tinha apenas quinhentos homens, mas contava muito com sua brilhante cavalaria, que não podia ser levada para um terreno difícil. Esperou então o inimigo na planície de Cuzco. Os dois partidos se enfrentaram em 26 de abril de 1538 com igual intrepidez; mas a vitória foi decidida por duas companhias de mosqueteiros que o imperador tinha enviado a Pizarro quando soubera da revolta dos índios. Cento e quarenta soldados morreram nesse combate que recebeu o nome de *las Salinas*. Orgoños e vários oficiais de alta patente foram mortos a sangue-frio depois da batalha. Almagro, velho e doente, caiu nas mãos de Pizarro.

Os índios que, reunidos armados nas montanhas próximas, tinham prometido não poupar o vencedor, não fizeram nada mais que fugir. "Nada, diz Robertson, diz mais sobre o poder dos espanhóis sobre os americanos que ver estes, testemunhas da derrota e da dispersão de um dos partidos, não terem coragem de atacar o outro, a quem a própria vitória deixara enfraquecido e cansado, e não ousar atacar seus opressores quando a sorte lhes dava uma oportunidade tão favorável para combatê-los com vantagem."

Naquele tempo, uma vitória sem uma pilhagem posterior não estaria completa. Por isso, a cidade de Cuzco foi saqueada. Todas as riquezas que os companheiros de Pizarro encontraram não foram suficientes para contentá-los. Todos eles tinham uma idéia tão elevada de seus méritos e dos serviços que tinham prestado que só um cargo de governador os contentaria. Fernando Pizarro tratou de dispersá-los, enviando-os para conquistar novos territórios com alguns partidários de Almagro, que tinham se juntado a ele e que era preciso mandar para bem longe.

Fernando Pizarro, convencido de que havia um foco de agitação subterrâneo e permanente à sombra do nome de Almagro, resolveu acabar com ele. Abriu um processo que terminou, como era fácil de se prever, com uma condenação à morte. Ao saber disso, Almagro reagiu como qualquer mortal, apelou para sua idade avançada e para a forma bem diferente como ele agira quando teve Fernando e Gonzalo Pizarro como seus prisioneiros. Depois ele recobrou o sangue-frio e esperou a morte com a coragem de um soldado. Foi estrangulado na prisão e decapitado publicamente (1538).

Depois de várias expedições, Fernando Pizarro partiu para a Espanha a fim de prestar contas ao imperador do que tinha acontecido. Encontrou os espíritos estranhamente prevenidos contra ele e seus irmãos. A crueldade, a violência, o desprezo diante dos compromissos mais invioláveis de que eles eram acusados, foram expostos em toda a sua nudez e sem meias-tintas por alguns partidários de Almagro. Por isso, Fernando teve que mostrar uma habilidade excepcional para não desagradar ao imperador. Sem ter os elementos para julgar de que lado estava a justiça, visto que só tinha sido informado pelos interessados, Carlos V não via senão as conseqüências, deploráveis para seu governo, de uma guerra civil. Decidiu, então, enviar *in loco* um comissário ao qual conferiu os mais amplos poderes, e que, depois de ter se informado dos acontecimentos, ia estabelecer a forma de governo que achasse mais adequada. Essa missão delicada foi confiada a um juiz da audiência de Valladolid, Christoval de Vaca, que se mostrou à altura de sua tarefa. Fato digno de nota! Recomendaram-lhe usar dos maiores cuidados para com Francisco Pizarro, no momento mesmo em que seu irmão estava preso e jogado numa prisão onde iria ser esquecido por vinte anos.

Enquanto esses acontecimentos se desenrolavam na Espanha, o marquês dividia o país conquistado, reservando para si e seus amigos os territórios mais férteis e mais bem situados, e aos companheiros de Almagro destinava outros estéreis e distantes, a que chamavam de Chile. Depois, confiou a um dos mestres de campo, Pedro de Valdivia, a execução do projeto que Almagro só deixara esboçado, a conquista do Chile. Tendo partido em 28 de fevereiro de 1540 com 150 espanhóis, entre os quais iriam se destacar Pedro Gomez, Pedro de Miranda e Alonso de Monroy, Valdivia atravessou primeiramente o deserto de Atacama, feito até hoje considerado como dos mais difíceis, e chegou a Copiapo no centro de um belo vale. Recebido muito cordialmente a princípio, teve de sustentar, desde que foi feita a colheita, numerosos combates contra uma raça diferente de índios do Peru, os araucanos, bravos e incansáveis guerreiros. Em 12 de fevereiro de 1534, ele fundou Santiago. Valdivia passou oito anos no Chile, chefiando a conquista e a organização do território. Menos ambicioso que os outros conquistadores seus contemporâneos, as riquezas minerais só o interessavam se fossem para assegurar o desenvolvimento da prosperidade de sua colônia, onde incentivou desde o início a agricultura. "A mais bela mina que conheço é a do trigo e a do vinho, e o gado. Quem tem isso tem dinheiro. Ninguém vive só com o que extrai das minas. Quem tem outras fontes de riqueza não liga muito para as minas." Essas palavras de Lescarbot, em sua *Histoire de la Nouvelle France*, poderiam estar na boca de Valdivia, pois elas são a melhor expressão de seus sentimentos. Seu valor, sua prudência, sua humanidade, esta última sobretudo, que brilha estranhamente ao lado da crueldade de Pizarro, lhe asseguram um lugar à parte e um dos mais elevados entre os conquistadores do século XVI.

Na mesma época em que Valdivia partia em direção ao Chile, Gonzalo Pizarro atravessava penosamente os Andes, à frente de 340 espanhóis, metade dos quais era cavalaria, e de quatro mil índios, cuja maior parte morreu de frio; depois pegou a direção leste para o interior do continente, em busca de um lugar onde havia em abundância, dizia-se, canela e especiarias. Recebidos naquelas imensas planícies, cortadas por pântanos e florestas virgens, por chuvas torrenciais que não duraram menos de dois meses, encontrando apenas uma população pouco dada ao trabalho e hostil, os espanhóis enfrentaram freqüentemente a fome num lugar onde não existiam nem bois, nem cavalos, onde os maiores quadrúpedes eram os tapires e as lhamas, e estas eram encontradas muito raramente naquele lado dos Andes.

A despeito dessas dificuldades que teriam desencorajado exploradores menos corajosos que os *descubridores* do século XVI, eles persistiram em sua tentativa e desceram o rio Napo ou Coca, afluente esquerdo do Maranhão até seu confluente. Lá construíram, com grande dificuldade, um brigue que foi montado por cinqüenta soldados, sob o comando de Francisco Orellana. Mas, não se sabe se foi por causa da violência da corrente que o arrastou ou se foi porque ele quis se tornar comandante de uma expedição de descoberta, Orellana não esperou Gonzalo Pizarro no local onde tinham combinado e continuou a descer o rio até chegar ao oceano.

É verdadeiramente espetacular uma aventura como essa, percorrendo cerca de duas mil léguas por regiões desconhecidas, sem guia, sem bússola, sem provisões, com um grupo de homens a resmungar contra aquela loucura de seu chefe, passando pelo meio de populações quase sempre hostis. Da embocadura do rio que acabava de descer com sua barca tosca e estropiada, Orellana alcançou a ilha de Cubágua, de onde zarpou para a Espanha. Se não existisse o provérbio "quem vem de longe mente mais", Orellana poderia tê-lo inventado. Ele contou as mais estapafúrdias histórias sobre a riqueza dos lugares que tinha atravessado. Os habitantes eram tão ricos que os telhados dos templos eram feitos de placas de ouro, o que deu origem à lenda de *Eldorado*. Orellana falara da existência de uma república de mulheres guerreiras que tinham fundado um vasto império, o que levou a dar ao rio Maranhão o nome de *rio das Amazonas*.

Mas, se tirarmos desse relatório todo o lado ridículo e grotesco que devia agradar à imaginação de seus contemporâneos, podemos dizer que a expedição de Orellana é uma das mais notáveis dessa época tão fecunda em empresas gigantescas, e que ela forneceu as primeiras informações sobre a imensa região do país que vai dos Andes ao Atlântico.

Mas voltemos a Gonzalo Pizarro. Ele ficou muito confuso e triste quando, ao chegar à confluência do Napo e do Maranhão, não encontrou Orellana, que devia estar esperando-o. Temendo que algo houvesse acontecido a seu lugar-tenente, ele desceu o rio cerca de cinqüenta léguas até encontrar um oficial, abandonado à própria sorte, por ter chamado a atenção do comandante para a sua perfídia. Diante da notícia da covarde traição e da penúria de que eram vítimas, os mais bravos perderam a coragem. Gonçalo teve de ceder a suas instâncias e voltar para Quito, de onde estavam cerca de mais de mil e duzentas milhas. Para exprimir quais foram seus sofrimentos naquela viagem de volta, basta dizer que depois de ter comido cavalos, cães e animais selvagens, depois de ter devorado tudo o que era de couro da matalotagem, os infelizes sobreviventes, feridos pelos espinhos, pálidos e magros, voltaram a Quito em número de oitenta. Quatro mil índios e 210 espanhóis tinham morrido naquela expedição que durara menos de dois anos.

Enquanto Gonzalo Pizarro conduzia a infeliz expedição da qual acabamos de falar, os antigos aliados de Almagro, que nunca conseguiram se juntar de verdade a Pizarro, se reuniam em torno do filho de seu antigo comandante e conspiravam a morte do marquês. De nada adiantou dizer tantas vezes a Francisco Pizarro que estava se armando um complô contra ele. Nunca deu atenção a essas advertências. Ele dizia: "Fiquem tranqüilos, estarei seguro, pois todo mundo sabe no Peru que posso num instante tirar a vida de quem ouse conceber um projeto para atentar contra a minha".

No domingo, 26 de junho, no momento da sesta, Juan de Herreda e dezoito conjurados saem da casa de Almagro, espadas desembainhadas na mão, armados dos pés à cabeça. Correm para a casa de Pizarro gritando: "Morte ao tirano! Morte ao infame!". Invadem o palácio, matam Francisco de Chaves, que acorreu ao ouvir o barulho, e entram na sala em que estavam com Francisco Pizarro, seu irmão Francisco Martim, o doutor Juan Velasquez e uma dúzia de empregados. Quase todos saltam pelas janelas, exceto Martim Pizarro, dois outros nobres e dois pajens importantes, que são mortos defendendo a porta dos aposentos do governador. Ele, que não teve tempo de pôr a couraça, pega da espada e de um escudo, defende-se com valentia, mata quatro dos adversários, fere vários. Um dos atacantes se penitencia e dá em si mesmo os tiros que seriam para Pizarro. Enquanto isso, os outros encontram um meio de entrar e caem com tanta fúria sobre ele que nem lhe dão tempo de se defender. Pizarro estava tão cansado que mal conseguia mover a espada. Assim, "eles concluíram o serviço, diz Zarata, e acabaram matando-o com uma estocada na garganta. Ao cair, ele pediu em voz alta a confissão, e, não conseguindo mais falar, desenhou no chão uma cruz que beijou e depois entregou a alma a Deus". Os escravos arrastaram seu corpo até a igreja, onde só Juan Barbazan, seu antigo empregado, teve coragem de ir reclamar seu corpo. Esse fiel servo fez secretamente as honras de seus funerais, pois os conjurados tinham pilhado sua casa e não tinham deixado uma só moeda para comprar uma vela.

Este foi o fim de Francisco Pizarro, assassinado na capital do vasto império que a Espanha devia à sua valentia e perserverança incansável, mas que ele lhe entregava, é bom dizer, destruída, dizimada, afogada num dilúvio de sangue. Freqüentemente comparado a Cortez, ele demonstrou a mesma coragem, a mesma ambição, a mesma capacidade militar; mas levou ao extremo os defeitos do marquês della Vale, a crueldade e a avareza, a que ele juntou a perfídia e a ambigüidade. Se somos levados a explicar pela época em que Cortez viveu alguns aspectos pouco apreciados de seu caráter, restam, no entanto, a sua lhaneza, seus gestos de gentil-homem acima dos preconceitos que tanto o fizeram amar seus soldados. Já em Pizarro, o que encontramos é uma rudeza de sentimentos nada simpáticos, e suas qualidades cavalheirescas desaparecem inteiramente sob aquela rapacidade e perfídia que são os traços marcantes de sua personalidade.

Se Cortez encontrou nos mexicanos adversários valentes e intimoratos que lhe opuseram dificuldades intransponíveis, Pizarro não teve nenhuma dificuldade de vencer os peruanos, fracos e medrosos, que não resistiram jamais de verdade a suas armas. Das conquistas do Peru e do México, foi a menos difícil que deu à Espanha mais lucros em metais preciosos. Por isso foi a mais valorizada.

A guerra civil iria explodir uma vez mais depois da morte de Pizarro, quando chegou o governador enviado pela metrópole. Assim que reuniu as tropas necessárias, ele marchou sobre Cuzco. Dominou Almagro, mandou decapitá-lo com quarenta de seus seguidores, e governou o país com firmeza até a chegada do vice-rei Blasco Nuñez Vela. Nossa intenção não é entrar no detalhe das contendas que este teve com Gonzalo Pizarro, que, aproveitando o descontentamento geral causado pelos novos regulamentos sobre os *repartimientos*, se insurgiu contra o representante da Coroa. Depois de inúmeras peripécias que não dá para contar aqui, a luta terminou com a derrota e a execução de Gonzalo Pizarro em 1548. Seu corpo foi levado para Cuzco e enterrado nu, "ninguém, diz Garcilasso de la Vega, quis cobri-lo com um pobre lençol". Assim terminou o assassino jurídico de Almagro. Não é o caso de repetir a palavra da Bíblia: "Quem com o ferro fere com o mesmo será ferido".

Índice

Prefácio 3

Capítulo I

Hojeda. – Américo Vespúcio. – Seu nome dado ao Novo Mundo. Juan de La Cosa. – V. Yañez Pinzon. – Bastidas. – Diego de Lepe. – Diaz de Solis. – Ponce de Leon e a Flórida. Balboa descobre o Pacífico. – Grijalva explora as costas do México. . 13

Capítulo II

Fernando Cortez. – Seu temperamento. – Sua nomeação. Preparativos da expedição e tentativas de Velásquez para o prender. – Desembarque em Veracruz. – Do México e do imperador Montezuma. – A república de Tlaxcala. – Marcha sobre o México. – O imperador prisioneiro. – Derrota de Narvaez. – La noche triste. – Batalha de Otumba. – Segundo cerco e tomada do México. – Expedição de Honduras. – Viagem à Espanha. – Expedição ao oceano Pacífico. – Segunda viagem de Cortez à Espanha. – Sua morte. . 39

Capítulo III

A Tríplice Aliança. – Francisco Pizarro e seus irmãos. – Don Diego de Almagro. – Primeiras tentativas. – O Peru, sua extensão, seus habitantes, seus reis. – Prisão de Atahualpa, seu resgate e sua morte. – Pedro de Alvarado. – Almagro no Chile. – Luta entre os conquistadores. – Processo e execução de Almagro. – Expedições de Gonçalo Pizarro e de Orellana. – Assassinato de Francisco Pizarro. – Revolta e execução de seu irmão Gonçalo. 83

Coleção **L&PM** POCKET

1. **Catálogo geral da Coleção**
2. **Poesias** – Fernando Pessoa
3. **O livro dos sonetos** – org. Sergio Faraco
4. **Hamlet** – Shakespeare / trad. Millôr
5. **Isadora, frag. autobiográficos** – Isadora Duncan
6. **Histórias sicilianas** – G. Lampedusa
7. **O relato de Arthur Gordon Pym** – Edgar A. Poe
8. **A mulher mais linda da cidade** – Bukowski
9. **O fim de Montezuma** – Hernan Cortez
10. **A ninfomania** – D. T. Bienville
11. **As aventuras de Robinson Crusoé** – D. Defoe
12. **Histórias de amor** – A. Bioy Casares
13. **Armadilha mortal** – Roberto Arlt
14. **Contos de fantasmas** – Daniel Defoe
15. **Os pintores cubistas** – G. Apollinaire
16. **A morte de Ivan Ilitch** – L.Tolstoi
17. **A desobediência civil** – D. H. Thoreau
18. **Liberdade, liberdade** – F. Rangel e M. Fernandes
19. **Cem sonetos de amor** – Pablo Neruda
20. **Mulheres** – Eduardo Galeano
21. **Cartas a Théo** – Van Gogh
22. **Don Juan** – Molière / Trad. Millôr Fernandes
24. **Horla** – Guy de Maupassant
25. **O caso de Charles Dexter Ward** – Lovecraft
26. **Vathek** – William Beckford
27. **Hai-Kais** – Millôr Fernandes
28. **Adeus, minha adorada** – Raymond Chandler
29. **Cartas portuguesas** – Mariana Alcoforado
30. **A mensageira das violetas** – Florbela Espanca
31. **Espumas flutuantes** – Castro Alves
32. **Dom Casmurro** – Machado de Assis
34. **Alves & Cia.** – Eça de Queiroz
35. **Uma temporada no inferno** – A. Rimbaud
36. **A corresp. de Fradique Mendes** – Eça de Queiroz
38. **Antologia poética** – Olavo Bilac
39. **Rei Lear** – **Shakespeare**
40. **Memórias póstumas de Brás Cubas** – M. de Assis
41. **Que loucura!** – Woody Allen
42. **O duelo** – Casanova
44. **Gentidades** – Darcy Ribeiro
45. **Mem. de um Sarg. de Milícias** – M. A. de Almeida
46. **Os escravos** – Castro Alves
47. **O desejo pego pelo rabo** – Pablo Picasso
48. **Os inimigos** – Máximo Gorki
49. **O colar de veludo** – Alexandre Dumas
50. **Livro dos bichos** – Vários
51. **Quincas Borba** – Machado de Assis
53. **O exército de um homem só** – Moacyr Scliar
54. **Frankenstein** – Mary Shelley
55. **Dom Segundo Sombra** – Ricardo Güiraldes
56. **De vagões e vagabundos** – Jack London
57. **O homem bicentenário** – Isaac Asimov
58. **A viuvinha** – José de Alencar
59. **Livro das cortesãs** – org. de Sergio Faraco
60. **Últimos poemas** – Pablo Neruda
61. **A moreninha** – Joaquim Manuel de Macedo
62. **Cinco minutos** – José de Alencar
63. **Saber envelhecer e a amizade** – Cícero
64. **Enquanto a noite não chega** – J. Guimarães
65. **Tufão** – Joseph Conrad
66. **Aurélia** – Gérard de Nerval
67. **I-Juca-Pirama** – Gonçalves Dias
68. **Fábulas** – Esopo
69. **Teresa Filósofa** – Anônimo do Séc. XVIII
70. **Avent. inéditas de Sherlock Holmes** – A. C. Doyle
71. **Quintana de bolso** – Mario Quintana
72. **Antes e depois** – Paul Gauguin
73. **A morte de Olivier Bécaille** – Émile Zola
74. **Iracema** – José de Alencar
75. **Iaiá Garcia** – Machado de Assis
76. **Utopia** – Tomás Morus
77. **Sonetos para amar o amor** – Camões
78. **Carmem** – Prosper Mérimée
79. **Senhora** – José de Alencar
80. **Hagar, o horrível 1** – Dik Browne
81. **O coração das trevas** – Joseph Conrad
82. **Um estudo em vermelho** – Arthur Conan Doyle
83. **Todos os sonetos** – Augusto dos Anjos
84. **A propriedade é um roubo** – P.-J. Proudhon
85. **Drácula** – Bram Stoker
86. **O marido complacente** – Sade
87. **De profundis** – Oscar Wilde
88. **Sem plumas** – Woody Allen
89. **Os bruzundangas** – Lima Barreto
90. **O cão dos Baskervilles** – Arthur Conan Doyle
91. **Paraísos artificiais** – Charles Baudelaire
92. **Cândido, ou o otimismo** – Voltaire
93. **Triste fim de Policarpo Quaresma** – Lima Barreto
94. **Amor de perdição** – Camilo Castelo Branco
95. **A megera domada** – Shakespeare / trad. Millôr
96. **O mulato** – Aluísio Azevedo
97. **O alienista** – Machado de Assis
98. **O livro dos sonhos** – Jack Kerouac
99. **Noite na taverna** – Álvares de Azevedo
100. **Aura** – Carlos Fuentes
102. **Contos gauchescos e Lendas do sul** – Simões Lopes Neto
103. **O cortiço** – Aluísio Azevedo
104. **Marília de Dirceu** – T. A. Gonzaga
105. **O Primo Basílio** – Eça de Queiroz
106. **O ateneu** – Raul Pompéia
107. **Um escândalo na Boêmia** – Arthur Conan Doyle
108. **Contos** – Machado de Assis
109. **200 Sonetos** – Luis Vaz de Camões
110. **O príncipe** – Maquiavel
111. **A escrava Isaura** – Bernardo Guimarães
112. **O solteirão nobre** – Conan Doyle
114. **Shakespeare de A a Z** – Shakespeare

115.**A relíquia** – Eça de Queiroz
117.**Livro do corpo** – Vários
118.**Lira dos 20 anos** – Álvares de Azevedo
119.**Esaú e Jacó** – Machado de Assis
120.**A barcarola** – Pablo Neruda
121.**Os conquistadores** – Júlio Verne
122.**Contos breves** – G. Apollinaire
123.**Taipi** – Herman Melville
124.**Livro dos desaforos** – org. de Sergio Faraco
125.**A mão e a luva** – Machado de Assis
126.**Doutor Miragem** – Moacyr Scliar
127.**O penitente** – Isaac B. Singer
128.**Diários da descoberta da América** – C.Colombo
129.**Édipo Rei** – Sófocles
130.**Romeu e Julieta** – Shakespeare
131.**Hollywood** – Charles Bukowski
132.**Billy the Kid** – Pat Garrett
133.**Cuca fundida** – Woody Allen
134.**O jogador** – Dostoiévski
135.**O livro da selva** – Rudyard Kipling
136.**O vale do terror** – Arthur Conan Doyle
137.**Dançar tango em Porto Alegre** – S. Faraco
138.**O gaúcho** – Carlos Reverbel
139.**A volta ao mundo em oitenta dias** – J. Verne
140.**O livro dos esnobes** – W. M. Thackeray
141.**Amor & morte em Poodle Springs** – Raymond Chandler & R. Parker
142.**As aventuras de David Balfour** – Stevenson
143.**Alice no país das maravilhas** – Lewis Carroll
144.**A ressurreição** – Machado de Assis
145.**Inimigos, uma história de amor** – I. Singer
146.**O Guarani** – José de Alencar
147.**A cidade e as serras** – Eça de Queiroz
148.**Eu e outras poesias** – Augusto dos Anjos
149.**A mulher de trinta anos** – Balzac
150.**Pomba enamorada** – Lygia F. Telles
151.**Contos fluminenses** – Machado de Assis
152.**Antes de Adão** – Jack London
153.**Intervalo amoroso** – A.Romano de Sant'Anna
154.**Memorial de Aires** – Machado de Assis
155.**Naufrágios e comentários** – Cabeza de Vaca
156.**Ubirajara** – José de Alencar
157.**Textos anarquistas** – Bakunin
158.**O pirotécnico Zacarias** – Murilo Rubião
159.**Amor de salvação** – Camilo Castelo Branco
160.**O gaúcho** – José de Alencar
161.**O livro das maravilhas** – Marco Polo
162.**Inocência** – Visconde de Taunay
163.**Helena** – Machado de Assis
164.**Uma estação de amor** – Horácio Quiroga
165.**Poesia reunida** – Martha Medeiros
166.**Memórias de Sherlock Holmes** – Conan Doyle
167.**A vida de Mozart** – Stendhal
168.**O primeiro terço** – Neal Cassady
169.**O mandarim** – Eça de Queiroz
170.**Um espinho de marfim** – Marina Colasanti
171.**A ilustre Casa de Ramires** – Eça de Queiroz
172.**Lucíola** – José de Alencar
173.**Antígona** – Sófocles – trad. Donaldo Schüler
174.**Otelo** – William Shakespeare
175.**Antologia** – Gregório de Matos
176.**A liberdade de imprensa** – Karl Marx
177.**Casa de pensão** – Aluísio Azevedo
178.**São Manuel Bueno, Mártir** – Unamuno
179.**Primaveras** – Casimiro de Abreu
180.**O noviço** – Martins Pena
181.**O sertanejo** – José de Alencar
182.**Eurico, o presbítero** – Alexandre Herculano
183.**O signo dos quatro** – Conan Doyle
184.**Sete anos no Tibet** – Heinrich Harrer
185.**Vagamundo** – Eduardo Galeano
186.**De repente acidentes** – Carl Solomon
187.**As minas de Salomão** – Rider Haggar
188.**Uivo** – Allen Ginsberg
189.**A ciclista solitária** – Conan Doyle
190.**Os seis bustos de Napoleão** – Conan Doyle
191.**Cortejo do divino** – Nelida Piñon
192.**Cassino Royale** – Ian Fleming
193.**Viva e deixe morrer** – Ian Fleming
194.**Os crimes do amor** – Marquês de Sade
195.**Besame Mucho** – Mário Prata
196.**Tuareg** – Alberto Vázquez-Figueroa
197.**O longo adeus** – Raymond Chandler
198.**Os diamantes são eternos** – Ian Fleming
199.**Notas de um velho safado** – C. Bukowski
200.**111 ais** – Dalton Trevisan
201.**O nariz** – Nicolai Gogol
202.**O capote** – Nicolai Gogol
203.**Macbeth** – William Shakespeare
204.**Heráclito** – Donaldo Schüler
205.**Você deve desistir, Osvaldo** – Cyro Martins
206.**Memórias de Garibaldi** – A. Dumas
207.**A arte da guerra** – Sun Tzu
208.**Fragmentos** – Caio Fernando Abreu
209.**Festa no castelo** – Moacyr Scliar
210.**O grande deflorador** – Dalton Trevisan
211.**Corto Maltese na Etiópia** – Hugo Pratt
212.**Homem do princípio ao fim** – Millôr Fernandes
213.**Aline e seus dois namorados** – A. Iturrusgarai
214.**A juba do leão** – Sir Arthur Conan Doyle
215.**Assassino metido a esperto** – R. Chandler
216.**Confissões de um comedor de ópio** – T.De Quincey
217.**Os sofrimentos do jovem Werther** – Goethe
218.**Fedra** – Racine / Trad. Millôr Fernandes
219.**O vampiro de Sussex** – Conan Doyle
220.**Sonho de uma noite de verão** – Shakespeare
221.**Dias e noites de amor e de guerra** – Galeano
222.**O Profeta** – Khalil Gibran
223.**Flávia, cabeça, tronco e membros** – M. Fernandes
224.**Guia da ópera** – Jeanne Suhamy
225.**Macário** – Álvares de Azevedo
226.**Etiqueta na prática** – Celia Ribeiro
227.**Manifesto do partido comunista** – Marx & Engels
228.**Poemas** – Millôr Fernandes
229.**Um inimigo do povo** – Henrik Ibsen
230.**O paraíso destruído** – Frei B. de las Casas

231.**O gato no escuro** – Josué Guimarães
232.**O mágico de Oz** – L. Frank Baum
233.**Armas no Cyrano's** – Raymond Chandler
234.**Max e os felinos** – Moacyr Scliar
235.**Nos céus de Paris** – Alcy Cheuiche
236.**Os bandoleiros** – Schiller
237.**A primeira coisa que eu botei na boca** – Deonísio da Silva
238.**As aventuras de Simbad, o marújo**
239.**O retrato de Dorian Gray** – Oscar Wilde
240.**A carteira de meu tio** – J. Manuel de Macedo
241.**A luneta mágica** – J. Manuel de Macedo
242.**A metamorfose** – Kafka
243.**A flecha de ouro** – Joseph Conrad
244.**A ilha do tesouro** – R. L. Stevenson
245.**Marx - Vida & Obra** – José A. Giannotti
246.**Gênesis**
247.**Unidos para sempre** – Ruth Rendell
248.**A arte de amar** – Ovídio
249.**O sono eterno** – Raymond Chandler
250.**Novas receitas do Anonymus Gourmet** – J.A.P.M.
251.**A nova catacumba** – Arthur Conan Doyle
252.**O dr. Negro** – Arthur Conan Doyle
253.**Os voluntários** – Moacyr Scliar
254.**A bela adormecida** – Irmãos Grimm
255.**O príncipe sapo** – Irmãos Grimm
256.**Confissões** *e* **Memórias** – H. Heine
257.**Viva o Alegrete** – Sergio Faraco
258.**Vou estar esperando** – R. Chandler
259.**A senhora Beate e seu filho** – Schnitzler
260.**O ovo apunhalado** – Caio Fernando Abreu
261.**O ciclo das águas** – Moacyr Scliar
262.**Millôr Definitivo** – Millôr Fernandes
264.**Viagem ao centro da Terra** – Júlio Verne
265.**A dama do lago** – Raymond Chandler
266.**Caninos brancos** – Jack London
267.**O médico e o monstro** – R. L. Stevenson
268.**A tempestade** – William Shakespeare
269.**Assassinatos na rua Morgue** – E. Allan Poe
270.**99 corruíras nanicas** – Dalton Trevisan
271.**Broquéis** – Cruz e Sousa
272.**Mês de cães danados** – Moacyr Scliar
273.**Anarquistas – vol. 1 – A idéia** – G. Woodcock
274.**Anarquistas – vol. 2 – O movimento** – G Woodcock
275.**Pai e filho, filho e pai** – Moacyr Scliar
276.**As aventuras de Tom Sawyer** – Mark Twain
277.**Muito barulho por nada** – W. Shakespeare
278.**Elogio à loucura** – Erasmo
279.**Autobiografia de Alice B. Toklas** – G. Stein
280.**O chamado da floresta** – J. London
281.**Uma agulha para o diabo** – Ruth Rendell
282.**Verdes vales do fim do mundo** – A. Bivar
283.**Ovelhas negras** – Caio Fernando Abreu
284.**O fantasma de Canterville** – O. Wilde
285.**Receitas de Yayá Ribeiro** – Celia Ribeiro
286.**A galinha degolada** – H. Quiroga
287.**O último adeus de Sherlock Holmes** – A. Conan Doyle
288.**A. Gourmet** *em* **Histórias de cama & mesa** – J. A. Pinheiro Machado
289.**Topless** – Martha Medeiros
290.**Mais receitas do Anonymus Gourmet** – J. A. Pinheiro Machado
291.**Origens do discurso democrático** – D. Schüler
292.**Humor politicamente incorreto** – Nani
293.**O teatro do bem e do mal** – E. Galeano
294.**Garibaldi & Manoela** – J. Guimarães
295.**10 dias que abalaram o mundo** – John Reed
296.**Numa fria** – Charles Bukowski
297.**Poesia de Florbela Espanca** vol. 1
298.**Poesia de Florbela Espanca** vol. 2
299.**Escreva certo** – É. Oliveira e M. E. Bernd
300.**O vermelho e o negro** – Stendhal
301.**Ecce homo** – Friedrich Nietzsche
302.**Comer bem, sem culpa** – Dr. Fernando Lucchese, A. Gourmet e Iotti
303.**O livro de Cesário Verde** – Cesário Verde
304.**O reino das cebolas** – C. Moscovich
305.**100 receitas de macarrão** – S. Lancellotti
306.**160 receitas de molhos** – S. Lancellotti
307.**100 receitas light** – H. e Â. Tonetto
308.**100 receitas de sobremesas** – Celia Ribeiro
309.**Mais de 100 dicas de churrasco** – Leon Diziekaniak
310.**100 receitas de acompanhamentos** – C. Cabeda
311.**Honra ou vendetta** – S. Lancellotti
312.**A alma do homem sob o socialismo** – Oscar Wilde
313.**Tudo sobre Yôga** – Mestre De Rose
314.**Os varões assinalados** – Tabajara Ruas
315.**Édipo em Colono** – Sófocles
316.**Lisístrata** – Aristófanes / trad. Millôr
317.**Sonhos de Bunker Hill** – John Fante
318.**Os deuses de Raquel** – Moacyr Scliar
319.**O colosso de Marússia** – Henry Miller
320.**As eruditas** – Molière / trad. Millôr
321.**Radicci 1** – Iotti
322.**Os Sete contra Tebas** – Ésquilo
323.**Brasil Terra à vista** – Eduardo Bueno
324.**Radicci 2** – Iotti
325.**Júlio César** – William Shakespeare
326.**A carta de Pero Vaz de Caminha**
327.**Cozinha Clássica** – Sílvio Lancellotti
328.**Madame Bovary** – Gustave Flaubert
329.**Dicionário do viajante insólito** – M. Scliar
330.**O capitão saiu para o almoço...** – Bukowski
331.**A carta roubada** – Edgar Allan Poe
332.**É tarde para saber** – Josué Guimarães
333.**O livro de bolso da Astrologia** – Maggy Harrisonx e Mellina Li
334.**1933 foi um ano ruim** – John Fante
335.**100 receitas de arroz** – Aninha Comas
336.**Guia prático do Português correto – vol. 1** – Cláudio Moreno
337.**Bartleby, o escriturário** – H. Melville
338.**Enterrem meu coração na curva do rio** – Dee Brown

339.**Um conto de Natal** – Charles Dickens
340.**Cozinha sem segredos** – J. A. P. Machado
341.**A dama das Camélias** – A. Dumas Filho
342.**Alimentação saudável** – H. e Â. Tonetto
343.**Continhos galantes** – Dalton Trevisan
344.**A Divina Comédia** – Dante Alighieri
345.**A Dupla Sertanojo** – Santiago
346.**Cavalos do amanhecer** – Mario Arregui
347.**Biografia de Vincent van Gogh por sua cunhada** – Jo van Gogh-Bonger
348.**Radicci 3** – Iotti
349.**Nada de novo no front** – E. M. Remarque
350.**A hora dos assassinos** – Henry Miller
351.**Flush - Memórias de um cão** – Virginia Woolf
352.**A guerra no Bom Fim** – M. Scliar
353(1).**O caso Saint-Fiacre** – Simenon
354(2).**Morte na alta sociedade** – Simenon
355(3).**O cão amarelo** – Simenon
356(4).**Maigret e o homem do banco** – Simenon
357.**As uvas e o vento** – Pablo Neruda
358.**On the road** – Jack Kerouac
359.**O coração amarelo** – Pablo Neruda
360.**Livro das perguntas** – Pablo Neruda
361.**Noite de Reis** – William Shakespeare
362.**Manual de Ecologia** – vol.1 – J. Lutzenberger
363.**O mais longo dos dias** – Cornelius Ryan
364.**Foi bom prá você?** – Nani
365.**Crepusculário** – Pablo Neruda
366.**A comédia dos erros** – Shakespeare
367(5).**A primeira investigação de Maigret** – Simenon
368(6).**As férias de Maigret** – Simenon
369.**Mate-me por favor (vol.1)** – L. McNeil
370.**Mate-me por favor (vol.2)** – L. McNeil
371.**Carta ao pai** – Kafka
372.**Os vagabundos iluminados** – J. Kerouac
373(7).**O enforcado** – Simenon
374(8).**A fúria de Maigret** – Simenon
375.**Vargas, uma biografia política** – H. Silva
376.**Poesia reunida (vol.1)** – A. R. de Sant'Anna
377.**Poesia reunida (vol.2)** – A. R. de Sant'Anna
378.**Alice no país do espelho** – Lewis Carroll
379.**Residência na Terra 1** – Pablo Neruda
380.**Residência na Terra 2** – Pablo Neruda
381.**Terceira Residência** – Pablo Neruda
382.**O delírio amoroso** – Bocage
383.**Futebol ao sol e à sombra** – E. Galeano
384(9).**O porto das brumas** – Simenon
385(10).**Maigret e seu morto** – Simenon
386.**Radicci 4** – Iotti
387.**Boas maneiras & sucesso nos negócios** – Celia Ribeiro
388.**Uma história Farroupilha** – M. Scliar
389.**Na mesa ninguém envelhece** – J. A. P. Machado
390.**200 receitas inéditas do Anonymus Gourmet** – J. A. Pinheiro Machado
391.**Guia prático do Português correto – vol.2** – Cláudio Moreno
392.**Breviário das terras do Brasil** – Luis A. de Assis Brasil
393.**Cantos Cerimoniais** – Pablo Neruda
394.**Jardim de Inverno** – Pablo Neruda
395.**Antonio e Cleópatra** – William Shakespeare
396.**Tróia** – Cláudio Moreno
397.**Meu tio matou um cara** – Jorge Furtado
398.**O anatomista** – Federico Andahazi
399.**As viagens de Gulliver** – Jonathan Swift
400.**Dom Quixote – v.1** – Miguel de Cervantes
401.**Dom Quixote – v.2** – Miguel de Cervantes
402.**Sozinho no Pólo Norte** – Thomaz Brandolin
403.**Matadouro Cinco** – Kurt Vonnegut
404.**Delta de Vênus** – Anaïs Nin
405.**O melhor de Hagar 2** – Dik Browne
406.**É grave Doutor?** – Nani
407.**Orai pornô** – Nani
408(11).**Maigret em Nova York** – Simenon
409(12).**O assassino sem rosto** – Simenon
410(13).**O mistério das jóias roubadas** – Simenon
411.**A irmãzinha** – Raymond Chandler
412.**Três contos** – Gustave Flaubert
413.**De ratos e homens** – John Steinbeck
414.**Lazarilho de Tormes** – Anônimo do séc. XVI
415.**Triângulo das águas** – Caio Fernando Abreu
416.**100 receitas de carnes** – Sílvio Lancellotti
417.**Histórias de robôs: vol.1** – org. Isaac Asimov
418.**Histórias de robôs: vol.2** – org. Isaac Asimov
419.**Histórias de robôs: vol.3** – org. Isaac Asimov
420.**O país dos centauros** – Tabajara Ruas
421.**A república de Anita** – Tabajara Ruas
422.**A carga dos lanceiros** – Tabajara Ruas
423.**Um amigo de Kafka** – Isaac Singer
424.**As alegres matronas de Windsor** – Shakespeare
425.**Amor e exílio** – Isaac Bashevis Singer
426.**Use & abuse do seu signo** – Marília Fiorillo e Marylou Simonsen
427.**Pigmaleão** – Bernard Shaw
428.**As fenícias** – Eurípides
429.**Everest** – Thomaz Brandolin
430.**A arte de furtar** – Anônimo do séc. XVI
431.**Billy Bud** – Herman Melville
432.**A rosa separada** – Pablo Neruda
433.**Elegia** – Pablo Neruda
434.**A garota de Cassidy** – David Goodis
435.**Como fazer a guerra: máximas de Napoleão** – Balzac
436.**Poemas de Emily Dickinson**
437.**Gracias por el fuego** – Mario Benedetti
438.**O sofá** – Crébillon Fils
439.**O "Martín Fierro"** – Jorge Luis Borges
440.**Trabalhos de amor perdidos** – W. Shakespeare
441.**O melhor de Hagar 3** – Dik Browne
442.**Os Maias (volume1)** – Eça de Queiroz
443.**Os Maias (volume2)** – Eça de Queiroz
444.**Anti-Justine** – Restif de La Bretonne
445.**Juventude** – Joseph Conrad
446.**Singularidades de uma rapariga loura** – Eça de Queiroz
447.**Janela para a morte** – Raymond Chandler

448.**Um amor de Swann** – Marcel Proust
449.**À paz perpétua** – Immanuel Kant
450.**A conquista do México** – Hernan Cortez
451.**Defeitos escolhidos e 2000** – Pablo Neruda
452.**O casamento do céu e do inferno** – William Blake
453.**A primeira viagem ao redor do mundo** – Antonio Pigafetta
454(14).**Uma sombra na janela** – Simenon
455(15).**A noite da encruzilhada** – Simenon
456(16).**A velha senhora** – Simenon
457.**Sartre** – Annie Cohen-Solal
458.**Discurso do método** – René Descartes
459.**Garfield em grande forma** – Jim Davis
460.**Garfield está de dieta** – Jim Davis
461.**O livro das feras** – Patricia Highsmith
462.**Viajante solitário** – Jack Kerouac
463.**Auto da barca do inferno** – Gil Vicente
464.**O livro vermelho dos pensamentos de Millôr** – Millôr Fernandes
465.**O livro dos abraços** – Eduardo Galeano
466.**Voltaremos!** – José Antonio Pinheiro Machado
467.**Rango** – Edgar Vasques
468.**Dieta mediterrânea** – Dr. Fernando Lucchese e José Antonio Pinheiro Machado
469.**Radicci 5** – Iotti
470.**Pequenos pássaros** – Anaïs Nin
471.**Guia prático do Português correto – vol.3** – Cláudio Moreno
472.**Atire no pianista** – David Goodis
473.**Antologia Poética** – García Lorca
474.**Alexandre e César** – Plutarco
475.**Uma espiã na casa do amor** – Anaïs Nin
476.**A gorda do Tiki Bar** – Dalton Trevisan
477.**Garfield um gato de peso** – Jim Davis
478.**Canibais** – David Coimbra
479.**A arte de escrever** – Arthur Schopenhauer
480.**Pinóquio** – Carlo Collodi
481.**Misto-quente** – Charles Bukowski
482.**A lua na sarjeta** – David Goodis
483.**Recruta Zero** – Mort Walker
484.**Aline 2: TPM – tensão pré-monstrual** – Adão Iturrusgarai
485.**Sermões do Padre Antonio Vieira**
486.**Garfield numa boa** – Jim Davis
487.**Mensagem** – Fernando Pessoa
488.**Vendeta *seguido de* A paz conjugal** – Balzac
489.**Poemas de Alberto Caeiro** – Fernando Pessoa
490.**Ferragus** – Honoré de Balzac
491.**A duquesa de Langeais** – Honoré de Balzac
492.**A menina dos olhos de ouro** – Honoré de Balzac
493.**O lírio do vale** – Honoré de Balzac
494(17).**A barcaça da morte** – Simenon
495(18).**As testemunhas rebeldes** – Simenon
496(19).**Um engano de Maigret** – Simenon
497(1).**A noite das bruxas** – Agatha Christie
498(2).**Um passe de mágica** – Agatha Christie
499(3).**Nêmesis** – Agatha Christie
500.**Esboço de uma teoria das emoções** – Jean-Paul Sartre
501.**Renda básica de cidadania** – Eduardo Suplicy
502(1).**Pílulas para viver melhor** – Dr. Lucchese
503(2).**Pílulas para prolongar a juventude** – Dr. Lucchese
504(3).**Desembarcando o Diabetes** – Dr. Lucchese
505(4).**Desembarcando o Sedentarismo** – Dr. Fernando Lucchese e Cláudio Castro
506(5).**Desembarcando a Hipertensão** – Dr. Lucchese
507(6).**Desembarcando o Colesterol** – Dr. Fernando Lucchese e Fernanda Lucchese
508.**Estudos de mulher** – Balzac
509.**O terceiro tira** – Flann O'Brien
510.**100 receitas de aves e ovos** – José Antonio Pinheiro Machado
511.**Garfield em toneladas de diversão** – Jim Davis
512.**Trem-bala** – Martha Medeiros
513.**Os cães ladram** – Truman Capote
514.**O Kama Sutra de Vatsyayana**
515.**O crime do Padre Amaro** – Eça de Queiroz
516.**Odes de Ricardo Reis** – Fernando Pessoa
517.**O inverno da nossa desesperança** – John Steinbeck
518.**Piratas do Tietê 1** – Laerte
519.**Rê Bordosa: do começo ao fim** – Angeli
520.**O Harlem é escuro** – Chester Himes
521.**Café-da-manhã dos campeões** – Kurt Vonnegut
522.**Eugénie Grandet** – Balzac
523.**O último magnata** – F. Scott Fitzgerald
524.**Carol** – Patricia Highsmith
525.**100 receitas de patisseria** – Sílvio Lancellotti
526.**O fator humano** – Graham Greene
527.**Tristessa** – Jack Kerouac
528.**O diamante do tamanho do Ritz** – S. Fitzgerald
529.**As melhores histórias de Sherlock Holmes** – Arthur Conan Doyle
530.**Cartas a um jovem poeta** – Rilke
531(20).**Memórias de Maigret** – Simenon
532(4).**O misterioso sr. Quin** – Agatha Christie
533.**Os analectos** – Confúcio
534(21).**Maigret e os homens de bem** – Simenon
535(22).**O medo de Maigret** – Simenon
536.**Ascensão e queda de César Birotteau** – Balzac
537.**Sexta-feira negra** – David Goodis
538.**Ora bolas – O humor cotidiano de Mario Quintana** – Juarez Fonseca
539.**Longe daqui aqui mesmo** – Antonio Bivar
540(5).**É fácil matar** – Agatha Christie
541.**O pai Goriot** – Balzac
542.**Brasil, um país do futuro** – Stefan Zweig
543.**O processo** – Kafka
544. **O melhor de Hagar 4** – Dik Browne
545(6).**Por que não pediram a Evans?** – Agatha Christie
546.**Fanny Hill** – John Cleland
547.**O gato por dentro** – William S. Burroughs
548.**Sobre a brevidade da vida** – Sêneca
549.**Geraldão 1** – Glauco
550.**Piratas do Tietê 2** – Laerte
551.**Pagando o pato** – Ciça